AF473087

PRIX : 60 centimes.

MAURICE VAUCAIRE

LE DANGER D'ÊTRE AIMÉ

PARIS
ERNEST FLAMMARION, ÉDITEUR
26, rue Racine, 26.

LE DANGER
D'ÊTRE AIMÉ

ÉMILE COLIN — IMPRIMERIE DE LAGNY

MAURICE VAUCAIRE

LE DANGER

D'ÊTRE AIMÉ

PARIS
ERNEST FLAMMARION, ÉDITEUR
26, RUE RACINE, PRÈS L'ODÉON

A

NARCISSE LEBEAU

LE DANGER D'ÊTRE AIMÉ

I

CHEZ CLAUDINE RENARD

Étendu dans le lit de Claudine Renard, actrice disponible, — mon nom à moi est Paul Surgères, — les yeux au plafond et sur la tenture représentant des magnolias jaunes et des feuilles vertes, je pensais : « Ah ! je serais si bien chez moi, tout seul, au coin de mon feu, à lire mon journal et à fumer un bon cigare ! C'est trop bête. Qu'est-ce donc qui m'a pris de reconduire

Claudine Renard après souper? — et dans sa voiture encore. — Donc la gaffe... Parce qu'elle est jolie. Assurément. Parce qu'on la regardait à ce souper. Je me reconnais bien là. Je la désirais du moment que les autres en avaient envie; maintenant que je suis seul, je la désire moins. Peut-être aussi parce que j'avais l'air de lui plaire, d'être un peu aimé... Déjà!... En tout cas, je la trouve crâne et pas bête de se donner une première fois, sans préliminaires. C'est une femme qui a des qualités, l'expérience de la vie et l'indépendance de prendre son plaisir où elle le trouve. Nous sommes deux Parisiens qui avons saisi l'occasion par les cheveux; si la désillusion vient après, aurons-nous l'aplomb de nous l'avouer à la même bonne franquette? C'est pourquoi j'ai de l'angoisse et que mon cœur bat plus vite qu'à l'ordinaire, comme autrefois lorsque j'étais au tableau d'examen, et que je m'attendais autant à être reçu que retoqué... Serais-je venu demain à son cinq-à-sept? Demain je n'aurais même plus pensé au souper de ce soir, à la Claudine Renard de ce soir... Cette aventure serait délicieuse, à la condition que mes trente ans n'en eussent que vingt-cinq et que cette nuit nuptiale se passât chez moi, dans mes meubles familiers, — je ne suis bien que dans mon lit — pas loin de mon tub, — je ne me lave sérieusement qu'avec mon savon et mon eau. »

Claudine Renard entra.

— Vous m'excusez, cher ami, de vous laisser si longtemps seul

Sa femme de chambre lui avait passé un peignoir violet, — exquis si l'on veut — car pour ma part je n'aime pas les peignoirs.

— On a l'air bête dans le lit d'une femme

sans la femme. Il me semblait, là, chez vous, que j'étais votre amant et que vous étiez dehors avec d'autres ; que vous aviez passé la soirée au théâtre, trop visible dans une loge ; qu'il y avait des habits noirs et des gilets blancs derrière vous; qu'ensuite on vous demandait de souper chez Durand, et que celui qui vous mettait finalement à votre porte vous proposait de vadrouiller en tête à tête un de ces soirs.

— Quelle imagination !

— C'est que ça m'est arrivé plus d'une fois d'être celui qui accompagne ou celui qui attend. Je sais la vie.

— Vous êtes aujourd'hui celui qui accompagne, et, même, par faveur spéciale, je vous ai laissé vous déshabiller chez moi.

— Alors je ne vous ai pas déplu ?

— Oui, vous me plaisez. A trois ou quatre choses que vous avez dites au théâtre et au souper, je me suis imaginé que nous nous ressemblions un brin. Je n'ai pas envie de dormir, nous allons bavarder.

— Tout ce que vous voudrez.

— Moi aussi je vous plais ?

Elle se rapprochait du lit.

Je lui pris la main, je l'attirai doucement et je l'embrassai très simplement sur un coin de joue.

M'entourant d'un bras, câline, elle allongea l'autre jusqu'aux commutateurs et la lampe électrique s'éteignit ; puis elle se recula d'un pas, j'entendis que le peignoir tombait de son corps, et Claudine vint se placer contre moi.

— Pourquoi avoir éteint ?

— Je vais rallumer... Mais c'est si original de se parler dans l'obscurité ! On pense mieux ce qu'on se dit, les idées sont plus nettes ; et, comme on s'exprime lentement, les phrases prennent de l'importance.

— Je veux d'abord vous voir.

Claudine n'eut qu'un mouvement à faire : une clarté emplit la chambre et dora les cheveux blonds de l'amie.

— Vous êtes ravissante.

Je ne sais quoi me monta, me grisa l'esprit ; tout d'un coup, je l'entourai d'un bras, comme elle tout à l'heure, de l'autre je l'imitai en tournant le commutateur ; la nuit revint. Je l'enlaçai, je l'embrassai, affolé par la tiédeur et le poli de ses jambes.

Notre baiser qui ne finissait plus semblait fait de toutes les joies que nous attendions et de tous nos chagrins passés. Dans mon cerveau il y eut place encore pour cette réflexion : « Aimerai-je Claudine comme j'ai aimé Ève, Conchita, Marie-Louise et Kate, mes quatre aimées ? Est-ce chose possible ?

Cela durera-t-il un jour, ou un an, ou plus, pour se terminer dans la haine l'un de l'autre ? »

Claudine se dégagea de mon baiser, puis se pelotonna contre moi, la tête appuyée sur ma poitrine, comme une femme-enfant qui va parler un peu, dormir, rêver.

. . . .

. . . .

— Voilà que nous nous aimons comme des fous, soupira-t-elle.

— Oui, c'est étrange.

— Cela m'inquiète déjà.

– Quel âge as-tu ?

— Vingt-cinq ans.

— Moi trente.

Claudine s'offrit de l'ironie, car elle eut une drôle de façon de me dire : « Nous nous accrochons à nous-mêmes comme deux noyés. »

Je me rappelai tout haut trois vers :

Notre amour agonise, il sera mort demain ;
Nous avons le courage exquis et surhumain
D'en sourire, et c'est presque une bonne nouvelle...

— Qui te fait supposer que notre amour agonise et qu'il sera mort demain ? Ça m'a l'air plutôt d'un premier chapitre que nous jouons là ; les autres suivront, beaucoup d'autres.

— Non, petite Claudine, soyons raisonnables, ne nous emballons pas. As-tu donc envie de souffrir ? Pour ma part, je renonce à recommencer.

— Tes maîtresses t'ont rendu malheureux. Je suis de leur famille, peut-être bien.

— Tu dis vrai, tu es de celles qui troublent. Pas banale, pas méchante, jolie. Raisons terribles.

— Distinguée, ajoute distinguée.

— Fille d'un officier supérieur ou d'un ingénieur en chef, sans doute.

— D'un inspecteur des ponts et chaussées, c'est mieux.

— Enlevée par ton professeur d'aquarelle ?

— Par un jeune médecin, c'est mieux aussi.

— Mais comme tu étais désintéressée, dévouée, innocente, le misérable ne t'a pas conservée longtemps.

— C'est admirable, tu devines tout... A mon tour : tu es triste, dégoûté, sans illusions, parce que tu as été aimé, trompé, trahi, autant d'ailleurs que tu as aimé et trahi toi-même. Les femmes te calomnient parce que tu te fiches d'elles, ce qui n'est pas vrai, et comme le mal qu'elles disent ou qu'elles inventent finit toujours par te nuire, tu n'arrives à rien ou à pas grand'-

chose, cher blackboulé, dans les affaires de l'État ou dans celles des particuliers.

— Toi aussi tu devines tout.

— Tu n'as pas le sou ou peu le sou; marie-toi.

— Mes ennemies ne sont jamais loin ; dès que je suis près du but, elles organisent vite ma défaite.

— Ah ! les hommes à femmes ! ils n'arrivent à rien, quoi qu'on dise ; malheureux privilégiés de nos cœurs, ils meurent de leurs propres coups, comme les frelons.

— Je ne suis pas encore mort.

— Mais je te plains tout de même.

— Tiens, un exemple entre cent. Une femme mariée dont j'étais l'amant, sœur d'un ministre, pouvait d'un seul mot me faire nommer chef de cabinet chez son illustre frère ; peu à peu on me décorait, et au prochain renversement le ministre me collait sur son testament politique : je devenais directeur du personnel ou chef du protocole. Plus souvent ! l'égoïste maîtresse n'aurait plus profité de ses après-midi de liberté, et elle n'était pas de force à y renoncer pour quelques semaines. Tu penses que je n'insistai pas. Elle ne me devait rien. Mais peu à peu, sans le vouloir, instinctivement, je la pris en grippe et je me sauvai. En voilà une ennemie celle-là ! Ce qu'elle a tenté de me couler en inventant je ne sais quels potins odieux !

— Je les connais.

— Tu vois ! Et ce n'est pas tout. Je t'ai avoué quatre ennemies, mais c'est huit, c'est dix, c'est douze, et dans tous les mondes. Depuis Mme Marlotte, la marieuse libre, jusqu'à la marquise Z***, en passant par Conchita, une petite Espagnole qui a voulu me faire assassiner.

— Épatant.

— Et Ève, ta camarade de théâtre! Celle-là a la spécialité des lettres anonymes. Chaque fois qu'elle me sait de nouveaux amis, elle s'inquiète de leur adresse, de leur nature, et le mari ou la femme reçoit une lettre dans laquelle je suis arrangé aux pommes. Ça ne prend pas toujours; en tout cas, c'est embêtant qu'on embête ces gens-là avec moi. Comme je ne tiens guère à me justifier, — de quoi me justifierais-je? — et comme je me contre-moque de ce qu'on peut penser de moi, je ne me plains pas. Alors les imbéciles croient ce qu'ils veulent. Hormis mes fidèles amis qui ne permettraient pas qu'on me soupçonnât de la moindre bassesse, vois quelle levée de boucliers. Toi, tu es très gentille, tu m'écoutes et tu me laisses t'embrasser. Qui dit que pour m'embêter, le jour où nous serons brouillés à mort, tu ne m'inculperas pas dans une histoire d'espionnage ou de titres volés? Ça n'est pas difficile : une lettre au parquet suffit pour qu'on vienne perquisitionner chez moi et qu'on me coffre à Mazas ensuite. On me relâchera huit jours après, mais la blague aura été faite.

— Tu me donnes là une idée! Et... tu n'es pas encore dégoûté des femmes?

— Non.

— Tu n'y renonces pas?

— Non, je veux les embêter à mon tour.

Et je l'embrassai avec un soin!

— Raconte-moi encore tes histoires.

— Nous avons mieux à faire; la suite à demain... à dem...

Je n'achevai pas. Quelle importance pour moi d'avoir une ennemie de plus ou de moins?

II

CLAUDINE RENARD A PAUL SURGÈRES

« Cher grand ami,

» Ne venez pas aujourd'hui et plaignez-moi de ne pas vous voir. Il me semble bien que je vous aime et que j'aurai la folie d'aller chez vous demain. Ah! mon cher, comme il est exquis d'aimer et combien ennuyeux le poids d'être aimée! Vous avez été aimé, malheureux Paul! Je suis aimée, malheureuse Claudine! et je comprends comme vous que cela ne sert de rien, qu'à engager, qu'à embrouiller l'avenir.

» Mon amant, car vous n'êtes pas le seul, pauvre Paul ! — je dis aussi : pauvre Claudine ! — est un homme furieux d'amour, envahi de moi, affolé de moi, qui m'aime comme on n'aime plus, ou comme je vous aimerais — si vous le vouliez — m'a suppliée de lui accorder toute la journée pour nous promener aux environs de Paris. Jugez de ma tristesse : il va falloir m'installer dans ma voiture-tonneau, vis-à-vis de lui, grimper ainsi sous un soleil stupidement chaud toute la côte de Suresnes, obliquer à droite, vers Vaucresson, — autre côte, — mal manger chez la mère Machin, gagner Versailles sous le prétexte d'aller copier quelque bonheur-du-jour ou une causeuse au Petit-Trianon, s'attarder près de la ferme de Marie-Antoinette, dîner aux

Réservoirs, coucher et être « aimée » dans un petit chalet des étangs de Ville-d'Avray, chez Cabassud, au retour. Tout cela n'est possible qu'avec vous, mon cher grand ami. Il y a bien un moyen, c'est de prier mon amant de renoncer à moi et de me consacrer à vous. Est-ce possible? Il ferait des malheurs, et vous, je vous lasserais. N'est-il pas vraiment difficile de contenter tout le monde? Encore une fois, pourquoi suis-je aimée et pourquoi êtes-vous aimé? Nous compliquons ainsi notre vie et bien inutilement, puisqu'on finit toujours par se jeter le saladier à la tête au bout de trois ans de pigeonnier. Êtes-vous capable de trouver une combinaison roublarde? Nous ne sommes pas des gens à nous marier. Il n'y a qu'un moyen, c'est de filer loin, loin, plus loin encore, d'essayer de vivre dans une île, sur un rocher quelconque. Soyons en quel sorte de nouveaux Paul et Virginie, Atala et René, — toute mon érudition s'arrête là, — l'important est de trouver le coin, le nid, l'endroit idéal où nous ne nous lasserons jamais l'un de l'autre, où la nature sera notre complice aimée, notre décor indispensable. Modernisons le système appliqué déjà pour les amoureux susnommés, — joignons-y encore Daphnis et Chloé, Loti et sa petite Taïtienne, Antoine et Cléopâtre, — mais isolons-nous plus qu'eux, car ils étaient des imbéciles auprès de nous ; leur originalité ne dépassait pas l'octroi.

» A cette seule condition, je consens à chagriner mon amant, à le laisser mourir de ce qu'il voudra, à me donner une ou deux rides de remords.

» Si vous êtes disposé à faire cela, nous vendons notre mobilier, nous déposons notre or dans une banque sérieuse, nous emportons très peu, et nous nous fixons dans une paradisiaque petite île de l'archipel de Ceylan, le berceau du monde, la beauté sur terre : climat sublime, fleurs rêvées, créatures admirables.

» Qu'adviendra-t-il ? En tout cas, qu'est-ce que nous risquons? En vieillirons-nous moins? Nous en porterons-nous plus mal? Nous raterons quelques premières, nous nous passerons de quelques soupers, nous économiserons quelques louis, loin de Longchamps et d'Auteuil? Qu'est-ce que cela? Ah! mon cher Paul! ne retournons pas à la terre avant d'avoir tenté d'en sortir un peu.

» Votre CLAUDINE. »

. . . .

Elle m'intéressait, je devais l'écouter, lui obéir. Mon bonheur ne dépendait-il plus d'elle, depuis que Claudine songeait à me voir heureux, à être heureuse dans ma vie?

J'y réfléchis, étonné de ne plus courir moi-même, tête baissée, dans une aventure; car, cette fois, je songeais pour deux.

Ce jour-là, précisément, je ne pouvais rencontrer Claudine; une sotte histoire me contraignait à demeurer chez moi, en tête à tête avec Mme B***. Celle-là essayait de me perdre dans l'esprit de mes contemporains. Une explication était nécessaire. Sous le prétexte de lui rendre des lettres, de fouiller ensemble dans des tiroirs secrets, je l'avais priée de venir chez moi.

Je désirais lui jeter au nez qu'elle était plus odieuse que la dernière des filles. Cette femme, dite du monde, avait daigné me regarder « d'un cœur avenant », et j'avais marché comme vous l'eussiez fait, parbleu!

Depuis, je m'en mordais les pouces. J'étais traité de ce que je ne suis pas, et, sans souffrir le martyre, je commençais d'en avoir assez.

Ah! le voilà plus palpable que jamais, le danger d'avoir pu plaire, *le danger d'être aimé.*

Cela est fou à dire, mais combien vraisemblable! et les quelques-uns d'entre nous, condamnés au bonheur, me comprendront.

Cette fois, je fus énergique, je parlai à Mme B*** comme elle avait parlé de moi; puis, le souvenir de Claudine aidant, je passai une après-midi délicieuse à juger une coupable et à exalter une nouvelle amie.

Au fond, ça n'alla pas sans l'impression que je n'agissais guère autrement en maintes pareilles circonstances; mais, la main sur le cœur, je vous jure qu'en aucune, je ne vouai à la maîtresse alors préférée un culte approchant celui de Claudine.

En parlant à Mme B*** de son mari, de ses enfants, de ses devoirs, je la rendis ridicule, comme elle le méritait.

Elle me quitta plus exaspérée, plus vindicative que jamais ; tant pis, tant mieux. J'en conçus une mauvaise joie dont je n'aurai jamais honte, et j'écrivis sur-le-champ à Claudine pour chasser ces idées-là et me constituer un prompt refuge :

« Ma vraie amie,

» J'ai sous les yeux l'atlas de Bonnefont, et je fais une savante sélection que je vous soumettrai demain. Puisque vous me proposez, somme toute, un embarquement pour Cythère, j'ai effleuré des yeux la carte de notre vieille pieuvre d'Europe.

» Rien de bien original à tenter là-dedans. Nous aspirons à du neuf ; ce n'est pas à l'España de Chabrier, au Funiculi-Funicula de Tosti, à la Bayreuth du père Wagner, aux czardas et aux cosaqueries de Brahms ou de Borodine, aux bonnets dorés des petites ficeleuses de cacao Van Houten, aux perruques de chanvre des *bar-maids*, aux patins des Edwiges norvégiennes que nous en voulons.

» Je tourne la page.

» Quant aux Mille et une Nuits persanes ou indiennes, aux bazars Chine ou Japon de l'éternelle Asie, c'est lu, traduit, affiché, connu, vendu au-dessous du prix marqué.

» Je tourne la page.

» Irons-nous, Claudine, en Afrique ? risquer d'être dévalisés en des Transvaals douteux et expirer sous les griffes empoisonnées des Touaregs et des Chambââs ? A Madagascar ? Ile mal ravitaillée et pestilentielle où les bicyclettes n'abordent pas. Il y a aussi, avant tout, aux premières loges, le concert tunisien et la rue du Caire. J'en ai soupé de cette rengaine.

» Je tourne la page.

» O Océanie ! Là, nous avons du choix. J'en excepte l'Australie, où pullule le lapin, refuge des pianistes et des officiers d'Académie qui professent le français et le suisse. Nous choisirons notre nid dans l'archipel des îles Gambier, entre l'Equateur et le tropique du Capricorne. Pourvu que nous y vivions seuls, nous pourrons nous imaginer avoir trouvé la définitive Cythère de ce temps-ci.

» Si le Crédit Lyonnais, le Comptoir d'Escompte ou la Société Générale n'y ont pas de succursale, je me propose de fonder par là un établissement de premier ordre. Je représenterai le pétrole Saxoléine et la Compagnie fermière de Vichy. Vous verrez, ma Claudine, quel parti nous tirerons de notre villégiature et à quel point nos âmes se reposeront, en plein Pacifique, de tout ce qui les énerve et les pervertit.

» Venez demain : nous désignerons le commissaire-priseur qui liquidera nos meubles ; nous convoquerons nos fournisseurs et leur proposerons des arrangements. Cela entendu, nous irons nous aimer comme il convient à des gens qui ne sont pas des brutes. Si nous nous y déplaisons, nous en ferons un roman ou une pièce pour l'Odéon-Libre, et notre erreur nous rapportera quelques billets de mille.

» Je ne bavarde plus, je rêve...

» Votre PAUL. »

III

EN PÉDALANT

Nous nous promenâmes au bois, comme deux bons bourgeois, sur nos bicyclettes. Nous avions projeté d'aller déjeuner près de Versailles, aux étangs chers à Corot. Nous ne nous hâtions pas ; nous prenions les petites allées qui partent de l'avenue Marguerite, et notre conversation n'avait pas d'autre objet que le bonheur de vivre sur des routes bien planes, par un temps doux, de se laisser glisser indéfiniment, poussés par une main bienfaisante, comme des patineurs qui n'auraient aucun effort à faire et iraient tout droit durant des heures et des kilomètres, longtemps, longtemps.

— Quel chagrin peut résister à un tel exercice? dit Claudine.

— Oui, la bicyclette, qui cause un tort considérable aux libraires, aux chemins de fer, aux théâtres, a détrôné aussi la toute-puissance de la femme. Plus de cœur trahi, meurtri, piétiné, qu'on ne guérisse avec une bonne balade de trois quarts d'heure; nous ne te craignons plus, Claudine.

— C'est vrai! Tu vois le gros monsieur qui file là-bas, penché sur son guidon, tâchant de rattraper la petite personne en culotte bouffante et en corsage de piqué blanc. C'est mon ancien amant. Il m'a écrit qu'il se tuerait si je le quittais un jour. Je l'ai abandonné, il court encore... et a-t-il l'allure d'un monsieur qui va se tirer une balle dans la tête ? Voilà sa vengeance ; elle est excellente. Décidément, tu parles d'or : notre pouvoir décline.

— Claudine, le bon Dieu vient de remettre le monde à neuf. Nous voilà réparés, nickelés, graissés pour quelques années encore. Ne nous défions que des cochers et des rues mal pavées.

— Et du macadam, les jours de pluie. La boue, c'est mortel.

— Et des sergots, quand j'oublie ma lanterne et mon grelot.

— Nous sommes bêtes, Paul.

— Nous sommes heureux, Claudine.

— Tout à l'heure, pensai-je, nous parlerons sérieusement ; votre projet d'embarquement pour l'INCONNU mérite mieux qu'une conversation en l'air, lorsque nos yeux sont occupés par les cailloux, les descentes, et les confrères qui ne prennent pas leur droite.

— Je suis complètement de votre avis, cher ami, et c'est vous qui en soufflez le premier mot. Tout à l'heure, pendant le tête-à-tête du déjeuner, les coudes sur la table, mon Paul aimé, nous chercherons les moyens de nous évader de la société... En attendant, vivons en elle et recherchons-la.

Peu à peu, nous nous rapprochâmes du chalet du Cycle, à la porte de Suresnes. Des centaines de bicyclistes, hommes et femmes, arrivaient, sortaient, ou étaient assis et buvaient.

Les plus forts franchissaient l'entrée, pédalaient jusqu'à une table et s'arrêtaient net, descendaient prestement par l'arrière, repoussant la machine que le chasseur recevait et collait au garage.

Après, c'était le petit coup d'œil circulaire, en s'épongeant le front, avec l'espoir de retrouver un camarade ou une amie ; car il y avait du choix.

Depuis quelque temps déjà, je m'étais bien promis de ne plus promener de femme en public et je me sentais un peu gêné d'avoir une compagne aussi affichante que Claudine : qui ne connaissait pas Claudine Renard ? D'autant que je venais d'apercevoir la marquise de Flou et la bande Grandpierre.

Ils me sourirent comme pour me féliciter d'être l'amant de Claudine.

Je rougis.

— Paul, installons-nous sous cet arbre.

Et Claudine m'entraîna pas loin d'eux. En passant contre leur table, je ne pus m'empêcher de les saluer ; la marquise de Flou et les Grandpierre répondirent à peine...

« On ne salue pas des femmes du monde, lorsqu'on est flanqué de Claudine Renard », me murmura mon ange gardien.

Claudine, enchantée du temps, de la promenade, de la gaieté de l'endroit, des violons et des cymbalums roumains, me dit tout haut :

— Paul, je t'aime.

Des gens se retournèrent et rirent de ce propos jeté en l'air par une créature qu'ils avaient déjà regardée soigneusement.

— Claudine, nous nous compromettons. On va dire que je suis ton amant de cœur ; tant pis pour toi.

— Pourquoi pas ? Je suis très en forme aujourd'hui ; tu n'as guère à avoir honte de moi. Regarde mes mollets ; ne sont-ils pas les plus jolis d'ici ?

— A coup sûr.

— Je poserais bien toute nue pour Falguière, et je ne me fâcherais pas ensuite comme cette petite Cléo. Ma gorge est intacte, pas un pouce de ventre. Je te donnerai ma statue — ça te plaît-il ? — et le modèle par-dessus le marché.

— Nous demanderons ça à Charpentier ou à Puech.

Claudine exultait :

— On va s'en aller. On ira bien doucement à la côte de Montretout, puis on roulera sur la descente de Saint-Cloud. J'ai une faim ! On mangera des choses simples, on se contera des histoires propres, on s'étendra sur l'herbe, dans les fourrés, et on évoquera l'avenir, celui que nous nous fabriquerons, le seul, le paradis sur terre. Laisse-moi être contente.

Elle humait son bonheur comme on respire voluptueusement après avoir manqué d'air. Puis elle fut distraite par des passants.

— Tiens, Margot en tandem avec Beaugéant, Valentine et Rougemont. Ils s'embêtent tous les quatre ; ils sont ensemble depuis trop longtemps, tandis que nous !

— Sois tranquille, tout le monde saura ce soir que Surgères et Renard sont en sympathie.

— Ils seraient bien bêtes de douter du contraire !

Et Claudine rit comme elle savait rire au théâtre en jouant Dorine ou Lisette.

— Claudine, ton rire me déplaît. On dirait que tu donnes une audition.

— C'est ta mine déconfite qui me met en joie ; la marquise de Flou et ton ami Grandpierre te mettent dans l'embarras. Veux-tu que je m'en aille, homme impressionnable? Puisque nous avons résolu de vivre l'un avec l'autre, que redoutes-tu de la malveillance de Valentine et de Margot, si c'est elles qui viennent de te barbouiller le cœur, subitement ?

— Les projets sont des projets, Claudine, et, jusqu'à ce que nous les exécutions, il ne faut pas agir à la blague.

— Quoi ! si mon amant me lâche, j'irai m'installer chez toi ; ce n'est pas grand, mais il y a des bahuts et j'y fourrerai mes robes et mes chapeaux ; je ne t'en demande pas plus.

— Pour le coup, tu pourras t'en tenir à des chapeaux de deux louis et à des robes des grands magasins.

Il était onze heures et demie. Le Chalet s'emplissait toujours. Il fallut serrer trente-six mains. Claudine causa avec des hommes et des femmes.

— Votre costume est joliment réussi.

— A-t-elle des jambes !

— Ça n'est guère sportif, des bas de soie.

— Nous partons, Claudine?

Nos bicyclettes étaient tenues à la main, comme des bêtes ; elles nous attendaient, reluisantes et légères.

— Bonjour!... Au revoir!... Quand se retrouve-t-on ?

Et nous filâmes.

IV

CHAGRIN D'AMOUR DURE TOUTE LA VIE

Nous déjeunâmes.

Ce fut notre prochain voyage qui fit tous les frais de la conversation; nous n'aurions pu décider avec plus de circonspection une croisière en mer polaire ou une expédition chez le roi Samory; nous prévoyions tout avec une raison et une ingéniosité vraiment supérieures.

Buvant ensuite notre pale-ale, les coudes sur la table, fumant des cigarettes blondes, nous regardant, les yeux près des yeux, comme pour chercher si nous avions un doute qui, enfermé dans notre cœur, eût bien vite voilé notre regard, la pensée de Claudine et la mienne se faisaient bière anglaise, puis fumée de tabac, comme chez l'étudiant Spark, ami de Fantasio.

Tout à coup, deux voix jeunes de femme et d'homme percèrent la cloison qui séparait notre cabinet d'une chambre de la villa-restaurant.

Aidé de Claudine, dont la mémoire est prodigieuse, j'ai noté la conversation.

LA JEUNE FEMME. — C'est gentil, ici ; tu as bien choisi.

LE JEUNE HOMME, *riant et pleurant de joie.* — Bonjour, mon amour.

LA JEUNE FEMME. — Pourquoi pleures-tu ? En voilà une idée ! C'est ainsi que tu me reçois ?

LE JEUNE HOMME. — Es-tu contente de me voir ?

LA JEUNE FEMME. — Quelle question ? C'est sûr.

LE JEUNE HOMME. — Tu ne m'as même pas embrassé.

LA JEUNE FEMME. — Mais si. (*Un baiser.*) Je suis éreintée. Il faut que je t'aime joliment pour être venue tout de suite.

LE JEUNE HOMME. — Tu t'es amusée à Trouville ?

LA JEUNE FEMME. — Oui et non. J'ai vécu comme une plante et j'ai fait provision de forces, sans penser à rien.

LE JEUNE HOMME. — A rien ?

LA JEUNE FEMME. — A rien. J'ai un peu engraissé. Du bon air, de bons repas, et le soir je t'écrivais.

LE JEUNE HOMME. — Oui ; j'ai reçu quatre lettres.

LA JEUNE FEMME. — Nous sommes aujourd'hui le 30, tu m'as jusqu'au 15; ça te fait-il plaisir ?

LE JEUNE HOMME. — Un plaisir fou. Tu as une façon de me parler, vraiment, le jour où nous nous rencontrons après un mois, tout un mois...

LA JEUNE FEMME. — Mais il n'y a pas de placards pour mes robes.

LE JEUNE HOMME. — On doit apporter une armoire.

LA JEUNE FEMME. — Oui, une armoire suffira.

LE JEUNE HOMME. — Viens donc dans mes bras, nom d'un chien ! là, plus près, plus serrée contre moi ; embrassons-nous fort...

LA JEUNE FEMME. — C'est bête, tu m'embrasses avec de la colère.

LE JEUNE HOMME. — Pas de chance. Allons-nous faire un tour en forêt ?

LA JEUNE FEMME. — Je suis éreintée.

LE JEUNE HOMME. — En barque, sur l'étang ?

LA JEUNE FEMME. — Nous ne sommes pas pressés... As-tu des nouvelles de Louise ?

LE JEUNE HOMME. — Elle a quitté le théâtre pour suivre son amant à Arajunga ; il est vice-résident.

LA JEUNE FEMME. — L'idiote !

LE JEUNE HOMME. — Si elle désire vivre honnêtement !...

LA JEUNE FEMME. — Un veuf qui a deux enfants et une toute petite fortune.

LE JEUNE HOMME. — Il l'épousera et elle élèvera les deux enfants.

LA JEUNE FEMME. — Ça vaut plus cher, un dévouement pareil.

LE JEUNE HOMME. — La fortune arrive plus souvent aux femmes qui se sacrifient qu'à celles qui posent tout de suite leurs conditions. Les hommes n'aiment pas cela.

LA JEUNE FEMME. — C'est pour moi que tu parles ?

LE JEUNE HOMME. — Si tu veux.

LA JEUNE FEMME. — Ouf ! J'étais bien tranquille là-bas. Les scènes vont recommencer.

LE JEUNE HOMME. — Tu aimes mieux vivre avec les gens qui te dominent qu'avec ceux qui osent discuter avec toi.

LA JEUNE FEMME. — C'est avec toi qu'il faut en avoir une dose de patience ! As-tu gagné de l'argent ?

LE JEUNE HOMME. — J'ai de quoi vivre ici pour nous deux. Si j'en avais, parbleu, je t'en donnerais ; je souffre assez de n'être pas le seul. Aime-moi tout de même, car je t'adore.

LA JEUNE FEMME. — Tu m'aimes comme un enfant...

LE JEUNE HOMME. — Mais c'est l'amour.

LA JEUNE FEMME. — Ça devrait être autre chose.

LE JEUNE HOMME. — C'est trop injuste, à la fin.

LA JEUNE FEMME. — Moi qui suis venue ici pour avoir du repos !

LE JEUNE HOMME. — Depuis que je te connais, je n'en ai plus, moi, de repos.

LA JEUNE FEMME. — Toi et moi, ça fait deux. Qu'est-ce que je deviendrai, si je me ride ?

LE JEUNE HOMME. — C'est ton cœur qui se ride. Nul ne s'en aperçoit que moi ; les autres s'en fichent bien.

LA JEUNE FEMME. — Heureusement que les autres ne m'aiment pas à ta façon !

LE JEUNE HOMME. — Puisque tu ne m'aimes plus, il est inutile que je t'assomme et que je me navre. Une résolution... Oui, je vais prendre une résolution. Je suis franc ; je vais te dire exactement ce que je ferai.

LA JEUNE FEMME. — Quoi ?

LE JEUNE HOMME. — Je reprendrai Loulou.

LA JEUNE FEMME. — Bien trouvé.

LE JEUNE HOMME. — Loulou m'aime toujours. Loulou n'a pas cessé de m'écrire des lettres longues et affectueuses. Je vais lui demander de passer ces quinze jours ici même.

LA JEUNE FEMME. — Il te faut des filles de Montmartre, des modèles, des trottins...

LE JEUNE HOMME. — C'est possible.

LA JEUNE FEMME. — Alors, dois-je partir tout de suite ?

LE JEUNE HOMME. — Tu en seras enchantée, n'est-ce pas ?

LA JEUNE FEMME. — Eh bien, bonsoir.

LE JEUNE HOMME. — Jeanne ! Jeanne !

La porte fut ouverte et refermée brusquement, nous entendîmes Jeanne dans l'escalier. Ah ! elle ne fut pas longue à décamper, la petite dame tant aimée ; et l'autre, immobilisé, eut une crise de sanglots coupés, haletants, nerveux, qui nous déchira le cœur.

Nous étions atterrés.

J'avais vécu ce bout de roman-là, autrefois, lorsque j'attrapais une maladie de nerfs à attendre la Maîtresse, la Demoiselle élue ; mon sang ne faisait qu'un tour, j'étais haletant. O mon passé ! Elle vient... pourquoi ne vient-elle pas ? Il me semblait que toutes les voitures qui roulaient dans la rue s'arrêtaient devant ma porte ; non, elles la dépassaient et s'en allaient plus loin. Une autre s'arrêtait, la grande porte s'ouvrait et se refermait, j'attendais le petit coup de sonnette ou la clef cherchant la serrure ; je comptais jusqu'à dix, intérieurement; c'était elle; je n'en pouvais plus; l'émotion me rendait cruel, mais juste, et je l'accueillais souvent par un : « Es-tu assez grue! » Alors la personne filait, comme Jeanne, sans demander son reste.

Pour le coup, *le danger d'être aimé* ou *d'être aimée* ne manquait pas d'évidence.

Sans conteste, nous ne pouvions plus rester parmi ces vivants-là.

A quand le suprême départ pour l'île mystérieuse?

Nous regrimpâmes sur nos bicyclettes et nous poussâmes jusqu'en plein Paris, avenue de l'Opéra.

Là, nous nous enquîmes de trouver des malles d'osier solides et légères.

V

DÉMARCHES IMPORTANTES

Après avoir choisi et payé cinq malles d'osier souples, résistantes et impondérables, nous jugeâmes prudent de ne pas nous embarquer au hasard, et presque sans avoir du foin dans nos bottes et de la paille au râtelier.

Je possédais environ cent mille francs placés à tout petits intérêts en rente nationale et en obligations à lots du Foncier ; c'était aussi toute la fortune de Claudine, que lui avait assurée régulièrement un oncle paternel ; un peu plus cependant, cent trente mille francs en Russe 1892. Nous comprenions ainsi l'alliance franco-russe.

Où déposer ces papiers, si ce n'est dans la caisse de la Compagnie Financière, établissement de crédit de tout premier ordre et dont le conseil d'administration comprend deux sénateurs, un amiral retraité, un ancien préfet de l'Empire et un marchand de bois de mon quartier? Je n'hésitai pas, Claudine non plus ; elle me conseilla même de voir le directeur et de lui proposer ceci :

L'île que nous allions occuper pouvait devenir, grâce à notre intelligente activité, un centre d'affaires en plein Pacifique. On songerait plus tard à établir un câble qui relierait notre unique ville à Melbourne.

Devenu son correspondant, je confierais mes épistoles financières — jamais d'autres — aux navires qui passeraient au large et qui pourraient apercevoir nos mouchoirs noués au bout de hautes cannes que Claudine et moi agiterions sur la falaise.

Dans ces conditions, agréerait-il ma candidature au poste encore non créé de chef de succursale?

Le directeur de la Compagnie sourit et me remercia de m'intéresser à son affaire. Pourvu que je ne lui demandasse ni appointements, ni frais de représentation, ni crédits pour l'installation des bureaux, mais que je ne manquasse pas de lui faire suivre les dépôts en monnaie anglaise ou chinoise qui pourraient m'être confiés, il consentit, sur ma bonne mine et sur la simple énonciation de mon honorable nom, à parler de moi à son conseil d'administration et me promit de réussir.

— L'île est-elle anglaise, hollandaise ou française ? me demanda-t-il.

— Cher monsieur, je n'en sais rien. Claudine Renard, ma maîtresse, a cherché dans l'Atlas, à la dernière page consacrée à l'Océanie, une île loin de tout et dont le nom fût joli. Sous peu de jours, lorsqu'il s'agira de boucler nos malles et de nous adresser à une Société sérieuse de navigation, je m'inquiéterai de la nationalité de ce petit pays ; — je passerai alors aux Affaires Étrangères où j'ai des tas d'amis, et je partirai comme résident, voire consul, si je me trouve sur un territoire étranger, ou, j'ose l'espérer, franchement français.

L'homme, vite abruti par cette déclaration, se leva et me reconduisit le plus poliment du monde.

Il s'inclina devant Claudine, chercha et trouva une phrase aimable : « Madame ne parut-elle pas à l'Odéon, dans une comédie en trois actes, d'un de mes amis : *Bonne bête* ? Je ne l'ai pas oubliée. »

Claudine soupira.

— Renoncez-vous au théâtre, madame ?

— Les auteurs ne font plus de pièces, monsieur ; je m'en tiens là. A l'avenir, si je rentre en France, je recommencerai peut-être, mais je ne jouerai plus que le répertoire, le grand répertoire. Mon rêve est d'incarner la princesse d'Eboli dans le *Don Carlos* de Schiller. N'êtes-vous pas de mon avis ?

— J'ignore cela. Mais si j'étais femme, je rêverais de jouer la *Dame aux Camélias* ; avec les costumes de l'époque, rien de plus cocasse !

Ainsi s'exprima le directeur de la Compagnie Financière.

Claudine, plus préoccupée en ce moment d'être le reflet d'un chef de succursale également résident ou consul, n'eut pas d'opinion là-dessus, et nous partîmes en remerciant cet important personnage de son accueil et de ses encouragements.

— Cocher, menez-nous aux Affaires Étrangères !

Dans la voiture, Claudine m'embrassa, joyeuse, toute fière de mener une vie si originale.

J'étais ému, je penchai ma tête sur l'épaule de Claudine ; mon esprit vagabondait au delà de tout ce qui m'était familier ; je faisais peau neuve.

— N'oublions pas, petite Claudine aimée, qu'il nous faut voir encore des figures, leur confier nos projets et leur demander conseils et faveurs. Ce sera fini après. Je n'ai ni famille ni amis : pas besoin d'expliquer notre cas et de pleurnicher des adieux.

— Tu n'as plus de parents?

— Et toi, Claudine, ni oncle, ni tante, ni cousins, ni camarades?...

— Rien, Paul.

— Je n'ai sur terre que ma Claudine, lui dis-je...

Notre voiture s'arrêta net; nous étions au ministère.

Je demandai à l'huissier de nous mener au cabinet de mon ami Rougemont, directeur des consulats et chancelleries.

Je n'abordais pas l'ami Rougemont sans un peu d'angoisse. Mon ambition, celle de Claudine à satisfaire, une situation officielle, quelque chose comme une ambassade en fort petit, tout cela ne dépendait-il pas de lui?

Oublierait-il notre vieille camaraderie,

nos fêtes d'autrefois, — c'est-à-dire d'il y a trois mois ? — Était-il aussi charmant dans son service qu'en la garçonnière de miss K***, une ancienne passion à nous deux et qui aimait quelquefois à nous réunir ? Il connaissait aussi Claudine, tout comme le directeur de la Compagnie Financière. Qui ne connaît pas Claudine Renard ?

— Rougemont, nommez-moi gouverneur des îles Wallis ?

— Où est-ce ?

— Dois-je vous l'apprendre, monsieur le consul en chef? Mais en pleine Polynésie.

Rougemont s'approcha de l'immense globe terrestre. Et nous voilà tous trois penchés sur le Monde.

Je mis le doigt dessus. O bonheur ! c'était une possession française. Une ligne de paquebots allait à Sydney au sud-ouest et montait aux îles Sandwich vers le nord-est.

— Ce poste est-il vacant?

On consulta l'annuaire diplomatique. Ce poste n'était pas vacant, mais il devait l'être dans un mois.

— Mon cher Rougemont, vous me connaissez ; recommandez-moi tantôt au ministre et faites-moi l'amitié de dîner avec nous, ce soir : nous vous expliquerons pourquoi vous devez me nommer gouverneur de cet îlot.

VI

L'ARRIVÉE DANS L'ILE D'ALOFI OU TERRE D'AMOUR

Après une traversée de trois mois qui se passèrent sans autres incidents qu'un semblant de naufrage aux environs de Sydney, nous arrivâmes sains et saufs dans l'archipel des îles Wallis.

Cet accident sans importance se réalisa grâce à quelques ridicules récifs nés probablement de la veille, en ces parages volcaniques, car la carte marine ne les signalait point.

Notre capitaine, homme prudent, sut manœuvrer comme il convenait et nous en fûmes quittes pour la peur.

Claudine demeura vingt-quatre heures sur le pont, en chemise, les cheveux défaits, à prier Dieu et à s'enrhumer; les passagers ne s'ennuyèrent pas et je fus vivement complimenté sur la beauté de ma compagne par un statuaire américain qui nous promit d'orner un des squares de Melbourne d'une Claudine allégorique qu'il intitulerait : la Foi conjurant le Danger.

J'ai hâte de noter mes impressions du débarquement dans l'île où nous avions résolu de terminer nos existences.

L'île principale des Wallis : c'est Alofi, cercle de terre absolument régulier, peuplé de maisons basses dont une à deux étages surmontée du fanion français protecteur.

— Voilà le palais du Résident, ma chère Claudine ; nous vivrons là, désormais.

Nous nous serrâmes la main longuement en songeant à la patrie que nous allions représenter le plus dignement qu'il nous serait possible.

— Vive la France ! dis-je.

Claudine répéta :

— Vive la France !

Et nous descendîmes sur le quai.

Nous étions attendus par le portier noir de la Résidence, l'unique employé de l'administration française de l'île.

Je lui demandai de s'occuper de charger nos quatre malles d'osier et nos trois valises. Il me montra du doigt la carriole de la maison, attelée d'un vieux zèbre. Le drapeau tricolore flottait joyeusement, se détachant sur le ciel d'un bleu uni et luisant de faïence ; il avait l'air de nous saluer.

— Faites vite, mon brave, commandai-je à notre nouveau serviteur, et accompagnez-nous.

Seuls des passagers, nous étions descendus dans l'île; les autres compagnons de voyage, embarqués à Sydney, allaient aux îles Sandwich.

Il n'y avait sur le quai, en dehors de Claudine et de moi, que le portier et le commissaire du port.

Le commissaire nous salua profondément.

Comme il était blanc, je le questionnai sur sa nationalité.

— Je suis Français, monsieur le Résident; je m'appelle Marcel Dumoulin. Mon histoire sera brève...

Je l'interrompis.

— Plus tard, vous me conterez cela; faites-moi l'amitié de venir dîner ce soir au

Palais; j'ai besoin d'une foule de renseignements et je compte que vous me les fournirez.

C'était un ordre, le premier que je donnais; j'inaugurais ainsi ma carrière dans la diplomatie coloniale.

Je lui tendis la main, soignant déjà ma popularité.

— A ce soir.

Puis, donnant le bras à Claudine, je suivis la carriole au zèbre, déjà lourde de nos bagages. Le véhicule allant au pas, j'interpellai mon personnel.

— Quel est votre nom?

— Adolphe, me répondit le nègre.

— Eh bien, Adolphe, il faudra désormais porter des chaussures; vous vous abîmerez la peau à sortir pieds nus. Je vous en donnerai, si vous n'en avez pas, et je vous offrirai également un veston et un gilet; car un serviteur de la République ne saurait aller à la rencontre du représentant de l'État, vêtu uniquement d'un pantalon de coutil.

L'homme me regarda étonné ; ses yeux étaient bons et humides : l'émotion, sans doute.

Claudine murmura :

— Quel brave type !

Et s'adressant à lui :

— Est-ce vous qui faites la cuisine ?

— Oui, madame la Résidente : la cuisine française et les plats indigènes, à votre choix.

Elle l'interrogea sur les goûts culinaires de mon prédécesseur.

— Monsieur Laporte n'est resté que quinze jours ici, — il a tout de suite demandé son changement — et comme il avait apporté toute une caisse de conserves, je ne lui ai préparé que des œufs en omelette et du riz à la créole, ma spécialité.

— Le riz à la créole, Claudine, tout ce que j'aime! Tu lui en commanderas ce soir.

La chaleur était grande; j'avais eu raison de m'habiller à la mode indienne : une courte blouse claire et un casque d'explorateur, en liège, visière rabattue, et entortillé de linge.

Claudine, dans sa robe rose et tenant sur l'épaule, comme une carabine, son ombrelle, semblait étonner les habitants de l'île, accroupis devant leurs petites maisons de bois.

On se serait cru à une exposition exotique du Champs de Mars, traversant un faux village de nègres; il ne manquait qu'un tourniquet à la porte de la grande rue, baptisée rue Gambetta, en vertu de je ne sais quelle ordonnance municipale.

Claudine se pelotonnait contre moi ; elle avait le dégoût de ces visages foncés, de ces dents blanches, de ces yeux fixes, beaucoup trop brillants.

Quelques hommes et leurs femmes avaient la peau rugueuse et parfois des gonflements du cou.

— C'est de l'éléphantiasis, me dit-elle, qui produit cela.

— Ils sont malades, ceux-ci, Adolphe ?...

Adolphe, écœuré de ses concitoyens, me raconta qu'ils étaient presque tous affligés de cette infirmité.

— A quoi cela tient-il ?

— On dit que c'est l'eau des lacs qui produit ces maladies-là... Il y a deux lacs dans l'île. Ils n'en guérissent jamais ; mais ça ne les empêche pas de mourir très vieux

— C'est peut-être aussi que le sang n'est

pas très pur, déclara Claudine ; ils ne doivent se nourrir que de compotes de cannes à sucre, d'huile de coton et de sales résines. Nous qui sommes pour l'hygiène, nous allons leur en fourrer, de l'hygiène...

— Madame la Résidente pourra juger de ce qu'ils mangent, demain matin, au marché.

— C'est cela, nous irons aux Halles, dit Claudine ; nous inspecterons les poissons, les viandes, les beurres, les fruits...

Une mauvaise odeur venait du misérable ruisseau qui serpentinait dans la rue Gambetta.

— Adolphe, qui est-ce qui s'occupe de la voirie ?

Adolphe ne comprit pas.

— Des ponts et chaussées ?

Adolphe ne saisit pas davantage ; mais il me renseigna suffisamment en me répondant:

— Ici, monsieur, personne ne s'occupe de rien, chacun fait sa petite affaire. Pour traverser une rivière, on coupe un arbre, on le pose en travers : c'est un pont ; pour naviguer sur les lacs, on coupe encore un arbre, on le creuse : c'est un bateau.

J'éclatai de joie... Ces gens restaient simples, ils vivaient encore dans l'âge d'or, ils étaient dignes de s'asseoir à la table de Tolstoï. Néanmoins, il me semblait bon pour eux que je fusse là ; je saurais les servir dans leurs intérêts, je m'occuperais de la santé et du confort publics ; je devais agir non comme un roi, mais comme un dieu bienfaisant ; je procéderais par la douceur et non par l'intimidation.

O bonheur !

Quelle mission sublime venais-je accomplir dans l'île d'Alofi, appelée terre de l'Amour !

L'importance du palais de la Résidence ne dépassait cependant pas celle d'une gendarmerie départementale : des murs blanchis à la chaux, des pièces carrées et hautes; trois au rez-de-chaussée, dont l'une servait de bureau, l'autre de salon d'attente, et la troisième de bibliothèque. C'est dans cette dernière que se tenait Adolphe. Il avait à s'occuper du classement des papiers que lui remettait chaque semaine le commissaire du port et à réunir dans les cartons verts la collection du *Journal officiel*. Au premier étage, trois pièces aussi, disposées comme en bas; la plus importante, la chambre à coucher, donnant sur la place, dite place de France. Un balcon de bois abrité par un store rayé blanc et rouge permettait d'apercevoir un peu plus loin l'océan Pacifique et, par les temps limpides, les îles Samoa ou des Navigateurs. Nous résolûmes de consacrer les deux autres pièces à notre salle à manger et à notre salle de bains. Une cuisine, tout au fond, occupait la place de la moitié du corridor d'au-dessous. Au second, trois pièces toujours ; deux servirent aux malles ainsi qu'aux débarras, et la plus spacieuse, avec balcon également, resta la chambre à coucher du fidèle Adolphe.

L'administration prévoyante avait meublé le tout sommairement, mais non sans élégance ; point de luxe, sauf les vases de Sèvres réglementaires qui ornaient le cabinet du Résident ; un buste de la République somnolait entre eux.

Nous inspectâmes les casseroles et la vaisselle du Gouvernement ; le ménage était honorable.

Après deux heures, durant lesquelles nous procédâmes au déballage des malles et au rangement du linge et des vêtements. Nous nous reposâmes sur les divans de la bibliothèque en roulant des cigarettes.

Adolphe prépara le dîner et nous attendîmes notre invité le commissaire du port.

Je pris dans les rayons le onzième volume de Reclus consacré à l'Océanie, et je cherchai à la table les numéros des pages consacrées par l'illustre savant à l'archipel des îles Wallis. Ah ! il n'en disait pas long : une vingtaine de lignes au plus, fort édifiantes !

Ces îles effrayaient les marins depuis que l'Anglais Wallis les découvrit en 1747. La population, exclusivement composée d'anthropophages, avait un beau jour avalé les dix-huit cents habitants de l'îlot voisin ; une mère s'était permis de dévorer un chef de tribu, son propre enfant, et le pays ne put être pacifié qu'en 1842, lors de la signature du traité d'amitié avec la France.

Claudine, qui ne redoutait rien, alla jusqu'à la fenêtre et devant le soleil couchant, s'écria : « Le premier qui bronche, une gifle. »

— Soyons humains, chère amie; ne troublons pas le repos de ces bonnes gens... Je vais faire dire aux principaux notables d'Alofi que je les recevrai demain.

Le commissaire du port, Marcel Dumoulin, me renseignerait sur l'importance et les attributions des corps constitués de l'île : police, tribunaux, assistance publique, etc.

— Claudine, tu ne regrettes pas d'être ici ?

— Mon Paul aimé, je veux que tu aies, comme moi, le souci de notre mission. Nous l'accomplirons intelligemment. Nous devons nous faire respecter et aimer. On installera un tennis et un théâtre ; en échange, qu'exigerons-nous de nos contribuables ? Une soumission et un dévouement absolus.

— Alofi doit être une île enchantée ; nous sommes ici pour la félicité de tous.

J'appelai Adolphe.

— Adolphe, lui dis-je, si le dîner est prêt, prévenez monsieur le Commissaire du port.

Adolphe chargea le factionnaire — un gas de la police indigène qui faisait les cent pas devant le palais — de querir notre invité, et nous montâmes nous laver les mains, graves et lents, comme des gens qui ne plaisantent pas avec le pouvoir et que le sentiment d'une lourde responsabilité oblige à réfléchir.

VII

LAWN-TENNIS ET COMÉDIES DE SALON

Le lendemain de très bonne heure, d'après les conseils de notre hôte du dîner, le commissaire du port, nous allâmes présenter nos hommages au roi Stanislas Ier.

Lorsque notre invité nous parla du monarque, Claudine crut devenir folle, et je sentis des bourdonnements dans mes oreilles.

Nous ne savions pas qu'il y avait un roi dans l'île d'Alofi !

— Quel genre d'homme est-ce? demandai-je.

— Est-il jeune ou vieux? désirait savoir Claudine.

Le commissaire nous dit simplement :

— C'est un bon diable. Il a trente-trois ans, et il fit ses études au collège Chaptal.

J'ai moi-même préparé mon baccalauréat à Chaptal et rien ne s'opposait à ce que je connusse Sa Majesté Stanislas Ier. Nous verrions bien. Décidément, on est mal informé quai d'Orsay, quant aux îles françaises, puisque Rougemont ne crut pas devoir nous avertir de la présence d'un roi et qu'il nous laissa descendre sur ce rocher fleuri sans la moindre lettre d'introduction.

Le long de la route, je tâchai de me rappeler mes camarades moricauds du bahut. J'avais bien deux ou trois figures, comparables à celle de Chocolat du Nouveau Cirque, dans l'esprit; mais ces souvenirs imprécis ne me disaient rien d'intéressant.

L'homme-à-tout-faire de la Résidence, Adolphe, proprement habillé d'un complet à carreaux jaunes, — un cadeau de moi, — nous guidait.

Je le grondai de sa négligence.

— Pourquoi ne m'avoir pas informé que mon prédécesseur, M. Laporte, eut une audience royale le lendemain de son arrivée?

— Non, monsieur le Résident, monsieur Laporte, comme j'ai déjà eu l'honneur de vous le dire, ne passa qu'une quinzaine de jours ici et Sa Majesté était alors en promenade dans les cafés-concerts de Sidney, à ce qu'on raconte.

Le stupide Adolphe riait comme quelqu'un qui ne comprend pas ses propres paroles.

Ces potins de valetaille nous laissèrent à deviner, néanmoins, que ce jeune monarque coulait des jours agréables, qu'il était le Prince of Wales de la Polynésie.

Déjà prévenu de notre visite, Stanislas vint au-devant de nous. Mis à l'européenne, très élégant même, son chapeau Morès à la main, des guêtres blanches, peu de bagues, pas du tout rasta, enfin excessivement discret et distingué, il nous salua profondément.

Claudine y alla de sa petite révérence genre Odéon, et j'inclinai la tête, assez perplexe. Baiserais-je ou ne baiserais-je pas sa royale dextre?

Il me comprit et, me serrant cordialement la main :

— Je compte bien que vous déjeunerez avec moi?

En nous invitant, je crus comprendre

qu'il souriait à Claudine. Le connaissait-elle aussi?

Ce rapide instant de jalousie ou d'appréhension se métamorphosa en une joie intense, profonde, extraordinaire.

— Eh! parbleu, c'est toi, mon vieux labadens! L'ami Surgères, ex-premier violon de l'orchestre du collège dont j'étais l'unique flûte. Comment va notre professeur papa Herman?

Nous tombâmes dans les bras l'un de l'autre, vous n'en doutez pas.

Claudine crut jouer les Réjane; du coup, elle fit sa maréchale Lefèvre devant cette effusion :

— Eh, les amis! faut plus se gêner! Et le protocole, vous vous asseyez dessus?

Je reconnaissais bel et bien le condisciple et ami Stanislas. Il passait ses vacances au collège, sortant rarement le dimanche, toujours avec les orphelins et les sans-famille. Mais il ne s'était jamais vanté d'être de sang royal.

— Bien sûr que je ne te racontais pas mes affaires, vous vous seriez trop fichus de moi. Je n'en suis déjà pas si fier, d'être un roi de sauvages. Parbleu, puisque je ne peux pas changer de peau et que l'Angleterre me fait des rentes, je me laisse vivoter ici. Le climat est bon, la maison confortable, pas de révolution possible, c'est plus qu'il ne m'en faut. Je m'imagine que je suis sous-préfet dans une jolie province, près Paris ; car mon Paris, c'est Sydney. Dès que je me rase, je m'embarque et je vais passer deux ou trois mois en Australie. Ma petite bonne amie chante l'opérette, là-bas... Pardon, madame...

Ce fut le tour de Claudine de le regarder

en souriant. Elle osa même l'interpeller :

— Alors, mon tzar, l'Angleterre vous donne de quoi faire le garçon? Pas si bête...

— Ça, c'est des secrets d'Etat, mes enfants. Allons déjeuner.

Adolphe, tout fier d'avoir un patron si camarade du roi, me demanda s'il pouvait colporter la nouvelle dans l'île.

Je ne m'y opposai point ; tout cela était bon pour la France. L'histoire des fonds fournis par l'Angleterre ne me laissait pas indifférent et je devais oublier les devoirs de l'amitié pour remplir ceux du Résident. J'informerais Rougemont. Stanislas sera le premier à me dire pourquoi le Foreing-Office lui veut tant de bien, songeais-je.

Nous pénétrâmes chez Sa Majesté. Oh ! la délicieuse installation !

Le mobilier le plus britannique, le plus

pur Louis XVI aussi : des cretonnes japonaises, des frises de Georges Auriol, des affiches de Chéret, de Willette et de Métivet. Et par terre des tapis délicats tissés sur des dessins de Grasset.

Claudine n'eût pas été plus surprise et plus enthousiaste chez le Sultan. Pour ma part, je voguais dans l'hallucination.

— Déjeunons d'abord, nous irons ensuite au harem.

— Et la petite amie de Sidney? dit Claudine.

Stanislas objecta que des raisons de la plus haute convenance l'obligeaient, en tant que souverain de l'archipel des îles Wallis, à avoir dix femmes; mais qu'il les pratiquait fort peu, n'aimant que les femmes blanches très blondes, oh! surtout les blondes!

Le déjeuner, très parisien, étonnamment

servi, fut d'une cordialité et d'une cocasserie exquises. On se raconta de vieilles histoires sans importance, toujours charmantes.

Stanislas goûta fort notre fantaisie de venir en plein Océan Pacifique vivre un roman d'amour et d'indépendance.

Pourvu que Claudine, créature compliquée et curieuse, ne se toque point de ce prince noir, mon bonheur sera sans mélange. La pensionnaire de l'Odéon, par un effet de télépathie, me devina-t-elle? car elle se leva de table pour m'embrasser et dire à Stanislas :

— N'est-ce pas qu'il est gentil, et que ce n'est pas banal, ce qu'on vous raconte là. Et maintenant, au harem, au harem.....

Le roi nous prévint ainsi :

— Il est absolument interdit, sous peine de mort, de pénétrer dans ce temple; mais je révoque ces vieux usages, et je vous autorise à regarder mes femmes. Si leurs visages sont épais, leurs corps demeurent irréprochables.

Il faut croire que Stanislas négligeait son harem, tant l'architecture en était rudimentaire. Un long dortoir meublé de dix lits de camp, de dix chaises, de dix lampions — tout marchait par dix, — puis la table de milieu pour dix personnes, nous rappelèrent le mobilier des écoles et des hospices de notre pays. Au bout du bâtiment, une chambre isolée, celle-là, plus ornée, petite, possédant un lit-divan large et profond. Des photographies de quelques étoiles parisiennes : Granier, Lender, Sorel, Yahne, Anna Held, en leurs cadres laqués blanc égayaient les murs.

Assises en rond, les dix femmes de Stanislas fumaient des cigarettes dans leur dortoir commun et jouaient aux cartes, à la manille.

A notre entrée, elles se levèrent, nues et noires comme des bronzes, vraiment d'une perfection de formes qui nous fit écarquiller les yeux.

— Voilà la préférée, nous expliqua le royal client en tirant doucement par l'oreille une adorable Vénus polynésienne.

Il me visa d'un œil amical et malin, comme pour me proposer de choisir l'une ou l'autre. Claudine était là et j'aime Claudine. Je ne voulus pas comprendre.

— Chante quelque chose, Lavallière.

La favorite Poupa, dite Lavallière, lui coula un regard de chienne fidèle. Les autres préludèrent en envoyant des pichenettes sur des mandolines à une corde.

Elle psalmodia :

Adieu, madâs, adieu foulâd,
Pleûez Julie, pleûez Coâlie,
Pleûez, pleûez, ô désespoî !
Doudou à nous i qu'a pâti !

Bonjoû, bonjoû, monsieu Consignati,
Nous qu'a veni fai p' tit pétition,
Poû vous mettez n'en position,
Empêcher Doudou à nous qu'a filé.

Mes chês enfants, c'est déjà tô tâd
Gând bateau déjà su la bouée
Et dans une heû appâeillé,
Pleûez pas, c'est pas poû toujoû.

Adieu madâs, adieu foulâd...

. . . .

. . . .

. . . .

Le roi nous expliqua à sa façon, la seule sans doute, cette romance populaire :

— Des jeunes filles d'Alofi demandent au commissaire du port de s'opposer au départ de leurs fiancés qui vont en France ou en Angleterre comme masseurs ou professeurs de bicyclettes...

Familièrement Claudine tapota sur les joues de la belle Poupa, dite Lavallière :

— Tu es très jolie et quand nous rentrerons à Paris, si nous y rentrons jamais, je t'emmènerai et tu auras ton petit hôtel rue d'Offémont.

— Moi, je te ferai engager aux Folies-Bergère.

— Elle ira où elle voudra, déclara Stanislas, je n'ai ni le courage, ni la prétention d'esclavager mes amies.

La professionnelle beauté d'Alofi embrassa Stanislas sur la bouche.

Nous nous retirâmes. . . . .

. . . .

Nous eûmes, une demi-heure après, une singulière conversation avec Stanislas. On parla tennis et théâtre.

L'idée de Claudine était d'installer un tennis dans l'île et d'organiser des représentations théâtrales en une Bodinière qu'il eût été facile de bâtir en plein air ou sous une tente, à l'abri du temps.

Il fallait civiliser ces noirs, et puisqu'ils comprenaient notre langue, les initier aux progrès de la littérature dramatique française.

Nous avions emporté un tas de brochures d'actes joués chez Antoine, à l'Œuvre, à la Comédie-Française, un peu partout. Il serait amusant d'interpréter d'abord, nous-mêmes, des pièces à deux et trois personnages ; on verrait par la suite à recruter des ingénues dans Alofi.

Nous délibérâmes sur le choix de la comédie propre à intéresser et à élever l'esprit de notre public. Je jouerais du violon pendant l'intermède ; Claudine m'accompagnerait sur le piano de la Résidence et chanterait ensuite quelques romances de

Delmet, sentimentales et compréhensibles.

Le cœur léger, nous rentrâmes chez nous, tout joyeux de ce second jour de villégiature diplomatique.

Je n'oubliai pas de renseigner mon Gouvernement, — le devoir avant le plaisir, — et je lançai au ministère cette dépêche chiffrée :

3152 — 4016 — 7099 — 1285 — 8924 ; ou *Roi Alofi reçoit fonds d'Angleterre.*

Pourvu que Rougemont comprenne, me dis-je, puisqu'il ignore l'existence de Stanislas Ier. Bah ! il se documentera.

Ce soir-là, nous étions couchés de bonne heure.

VIII

UNE PAGE HISTORIQUE

— Descendons, me dit Claudine ; je veux voir les habitants, leur parler, les instruire. Ils comprennent ma langue ; je dois donc les informer de ce qu'ils ignorent. Nous en ferons un grand peuple.

« Claudine mystique, pensai-je, voilà du nouveau. Est-elle de l'armée du Salut ? »

— Quel rêve sublime, mon cher Paul, d'en faire la première nation du monde ! Et qui sait? N'est-ce pas aussi une excellente spéculation pour l'avenir? Nous élèverons des maisons spacieuses dans les terrains vagues et si fertiles de la ville ou des environs. La mode, qui s'y mettra bien, nous enverra des Européens de Paris pour les acheter à des prix que nous leur ferons nous-mêmes, des prix sérieux, je t'en réponds. J'ai mûrement réfléchi cette nuit et je vais t'exposer mes projets.

— Claudine, lui dis-je, tu m'effraies!

Elle continua :

— Maintenant que nous avons l'appui de l'autorité, de la toute-puissance, ne redoutons rien, allons de l'avant. Le brave roi Stanislas, trop sceptique pour gouverner, se contentera de toucher les fonds secrets de la Grande-Bretagne, et c'est nous qui le suppléerons dans l'exercice de ses fonctions. Toi, tu seras le premier ministre, comme qui dirait le Concini de ce

Louis XIII de l'Océanie, et moi, la maréchale d'Ancre. (Souvenirs de matinées classiques !) Soyons de grands politiques, n'en ratons pas l'occasion. Le protectorat français ne nous gênera pas, puisque c'est toi que ça regarde. Vois, mon gros chéri, tout le parti qu'il y a à tirer de cette combinaison. Pas de socialisme ridicule, nous savons par les événements que ça ne sert de rien ; n'enseignons pas à ces naïfs indigènes le mépris de la vérité et le dédain de l'idéal ; bien au contraire, nous ramènerons les brebis égarées au bercail, nous prêcherons, aux alcooliques et aux fumeurs d'opium, qu'ils se brûlent l'estomac et qu'ils obscurcissent leur cerveau. Puis, toujours décidés à être utiles et ingénieux, nous leur jouerons des pièces susceptibles d'éclairer les plus ineptes et de convaincre les véritables incrédules ;

Et nos noms seront sus comme on sait, de jadis,
Ceux des rois protecteurs et non des rois bandits.

— Claudine aimée, te sens-tu l'éloquence suffisante pour leur parler ?

Elle haussa les épaules.

— Tiens, bien sûr ! Et puis, est-ce que je n'ai pas toujours mon infaillible mémoire de comédienne ? J'apprendrai les deux ou trois discours de *Nell Horn* des frères Rosny. J'en sais déjà un par cœur, sans rater une ligne ; au contraire, j'en ajouterais plutôt. C'est justement l'heure du marché, nous allons trouver toute la population sur la place. Dirigeons-nous là, précédés du concierge de la Résidence, on comprendra bien que, tous deux, nous représentons la France. Et puis, c'est même chose indispensable, on ne nous connaît pas encore, et on doit nous connaître. Adolphe a déjà conté à toute l'île que nous sommes les meilleurs amis du Roi ; rien à craindre des policiers. Viens, mon trésor, et merci encore, de m'avoir arrachée de cette vie oisive et nulle que je menais de l'Observatoire à Batignolles : tu verras que tu ne regretteras rien.

Il faisait un temps de juin : une fraîche et courte brise de mer inclinait à intervalles les sommets des pins et des platanes ; le ciel était de bonne humeur. La ville, dans l'imperceptible poudre d'argent de l'air, semblait plus légère encore, sortait de terre comme pour se pencher, se balancer, danser presque, à la manière alofienne, ainsi que les femmes indolentes, immobiles et harmonieuses de cet Orient océanien, si différent de ce qu'on connaît ou de ce qu'on imagine chez nous.

Le marché était en pleine animation depuis le matin. Un millier d'acheteurs et de vendeurs l'emplissaient de cris. Pas de boutiques : tout était présenté sur la terre sèche ou sur des tapis bariolés.

Claudine me réservait une surprise vraiment excessive. Sitôt arrivés sur la place du Marché, tandis que nous regardions les étalages et que nous entrions dans une masse d'individus, mon amie se retourna brusquement, grimpa sur une table et harangua la foule. Voici ses propres paroles :

— O mes frères et mes sœurs ! ô mes amis inconnus ! ne dites pas : « Nous progresserons demain, » car savez-vous si demain vous serez encore de ce monde ? Progressez maintenant, instruisez-vous aujourd'hui, enrôlez-vous de suite dans l'armée du Progrès ; les bras de l'art et de la science vous sont ouverts... Il y a quelque temps, un grand navire fut perdu en mer. Il était en mauvais état, avait une voie d'eau, allait sombrer, et à cause de cela, il fit des signaux de détresse. Un autre vaisseau arrive au secours, dont le capitaine demanda à travers son porte-voix : « Que voulez-vous ? » — « Nous sommes en mauvais état et allons sombrer ; restez près de nous jusqu'au matin, » fut la réponse. Mais le capitaine du vaisseau de secours dit : « Laissez-moi prendre vos passagers à bord MAINTENANT. » — « Restez près de nous jusqu'au matin », fut le message qui revint. Une fois encore le capitaine cria : « Vous feriez mieux de me laisser prendre vos passagers à bord MAINTENANT. » — « Restez près de nous jusqu'au matin », fut-il crié dans le porte-voix. Environ une heure et demie plus tard les fanaux du bateau en détresse s'éteignirent, car il avait silencieusement sombré, et tous les passagers étaient dans les profondeurs de l'abîme. O mes frères et mes sœurs, ô mes amis inconnus, ne dites pas : « Restez près de nous jusqu'au matin ! » Aujourd'hui, aujourd'hui même, écoutez la gracieuse voix du Progrès.

Puis elle me dit :

« Tu vois que je savais mon Nell Horn ; ceci en est une adroite transposition. Ce n'est pas tout, je vais leur donner aussi une séance de Louis Figuier.

Tous les indigènes la regardaient avec admiration. Ils nous savaient en faveur chez Stanislas Ier et s'imaginaient sans doute que cela pouvait bien être à la fois une proclamation officielle du Gouvernement français et une communication de leur souverain. D'ailleurs, la voix d'or de Claudine les charmait. Les plus vieux avaient des larmes et les autres approuvaient les théories de l'éloquente prêcheuse.

Claudine continua :

— Il y a deux façons de progresser. Voulez-vous être une grande nation ? Eh bien, sachez-en les moyens. Soyez d'abord des industriels et devenez ensuite des poètes. Je vous indiquerai comment vous devez cultiver la canne à sucre comme ceux de Bornéo et le caoutchouc ainsi que les autres du Brésil. Votre pays n'est pas grand ; mais il suffit. Il sera la Belgique de l'Océanie ; nous le sillonnerons de railways, nous creuserons des mines, nous bâtirons des usines métallurgiques. Vous avez des cannes à sucre, des érables, des palmiers, des sorghos, des maïs, des courges, des châtaigniers ; tout cela est bon, excellent pour la culture du sucre, pour la fabrication du rhum. Nous ferons venir des chaudières, des appareils, des turbines ; nous raffinerons le sucre, nous cristalliserons le sucre. Et le caoutchouc, parlons-en ! Nous le vulcaniserons par la chaleur humide et par la chaleur sèche. Nous ferons des manteaux, des chaussures, des tubes, des poires, des pneumatiques. A vous la fortune !...

Les habitants d'Alofi trépignèrent de joie, hurlèrent des vivats au mot : fortune. Claudine les apaisa d'un geste, respira et reprit :

— Et finalement le progrès fera de vous des poètes, des penseurs, des âmes. Vous aurez vos philosophes, vos auteurs dramatiques. Nous fonderons un journal, un collège et même une Académie. Rendez-vous ici-même, après-demain soir. Je vais vous demander de me construire une longue et large tente, et de mettre au bout deux grands tréteaux recouverts de planches ; c'est là-dessus que je compte vous offrir une petite représentation. Ne devons-nous pas sympathiser ensemble pour accomplir ensemble cette œuvre grandiose par l'Industrie et par la Pensée?

Elle envoya des baisers à droite et à gauche, comme une cantatrice exténuée de tendresse pour un public en délire d'admiration.

Je crus qu'il était de mon devoir de ne pas rester en arrière après les discours de Claudine et je montai sur la table. Un grand silence se fit aussitôt. Je ne prononçai que cette phrase :

— La France que je représente ici approuve les généreuses paroles de madame la Résidente, et au nom de la République je signe avec vous un traité d'indissoluble et éternelle alliance.

Le tumulte était à son comble.

Il y avait des socialistes à Alofi ; un groupe sérieux s'était approché de nous. Le leader de ces quelques esprits avancés, un petit sec, appelé Ramana-Omi, me serra la main, appela citoyenne la glorieuse Claudine, et nous demanda de lui céder la parole ! Il dit :

— Camâades, bons blancs, citoyenne et citoyen de Êpublique ont bien pâlé. C'est lui et elle qui doivent nous gouvêner. Le tihan Stanislas pas séîeux, fait la noce à Melboûne avec cocottes. Se moque bien Alofi. Démission, demandons démission Stanislas.

— Non, pas cela ! fit Claudine.

— Arrêtez ! m'écriai-je. Stanislas, votre roi, est mon ami, il ne faut pas le contrarier. Je vous assure qu'il partage vos idées.

Claudine me souffla à l'oreille : « Au fait, pourquoi pas ? »

Elle demanda la parole.

— Mes amis, je ne suis qu'une femme et je n'ai pas la prétention de vous dicter votre conduite. Ce qui se passe est grave, extrêmement grave. Vos esprits, plus avancés que je ne l'aurais cru, veulent du nouveau. Je ne me reconnais pas le droit, monsieur le Résident non plus, de vous détourner complètement de vos projets. Mais ne pensez-vous pas qu'il serait plus prudent d'y mettre des formes? On n'obtient rien par la surprise et la violence; demeurez disciplinés. Si vous croyez qu'un nouveau régime gouvernemental soit nécessaire, eh bien, adressez-vous respectueusement à votre roi, demandez-lui d'abdiquer, de vous faire libres, mais de conserver la présidence d'une république alofienne ; exigez que monsieur le Résident, mon époux, soit le premier et l'unique ministre;

ne mécontentons pas l'Angleterre qui doit rester, sinon notre amie, du moins notre alliée ; on a besoin de tout le monde ; avisons la France, notre grande sœur, de votre décision, et espérons. Autrement, je ne réponds de rien.

— Bâvo ! Bâvo ! hurla la population.

Le leader, les doigts écartés, imposa silence à ses concitoyens :

— Chês amis, la dame a bien pâlé. Allons tout doucement au Palais ; je me châge de die à Stanislas que lui doit ête pêsident, pas aute chose. Sinon, Stanislas, mis à la pôte, abandonné pâ population.

Et sans bruit, presque sur la pointe des pieds, les indigènes d'Alofi allèrent chez Stanislas.

Nous deux, derrière, nous organisâmes notre plan.

— Claudine, tu vas un peu loin, lui dis-je.

Si Stanislas n'allait pas goûter la plaisanterie ?

— Tant pis pour lui, mon petit Paul. Et tu verras, vrai de vrai, des choses extraordinaires. J'ai toujours rêvé d'être d'une conspiration ; est-ce que ça ne vaut pas mieux que de jouer des levers de rideau à Paris ? Et puis, j'ai mon idée. Sois tranquille, je réponds de tout.

— Quelle est-elle, ton idée ?

— Patiente.

— Au fond, c'est rosse, ma chérie, d'exciter tout un peuple contre un monarque, ami de collège !

— Il se désintéresse de tout, notre monarque.

— J'ai télégraphié à Rougemont que Stanislas recevait des fonds du Foreign-Office.

— Parfaitement. Ce soir, tu pourras télégraphier que l'île d'Alofi est tout acquise à la France. Et au bout de quatre jours de Résidence, il me semble que ça vaut bien le ruban rouge.

— C'est ça, ton idée ?

— Peut-être! Et puis, dès qu'Alofi sera à nous, je ferai de la grande décentralisation. Nous monterons des pièces d'auteurs recalés aux Français, ou qui attendent trop longtemps leur tour au Vaudeville ; ça me vaudra les palmes académiques. Voilà encore mon idée!

— Pourvu que l'Europe ne s'en mêle pas et que les nations n'envoient pas des cuirassés en vue de notre rade! Voilà qui serait parfaitement absurde. Car, en réalité, nous ne sommes ici que par amour, pour notre isolement, et non pour compromettre la tranquillité de la patrie. Vois-tu qu'on mobilise notre infanterie de marine?

— Pessimiste, va!

Nous étions devant le Palais.

Stanislas Ier, en pajamas rose, casquette de drap blanc, le cigare aux lèvres, se promenait sur la terrasse. En voyant venir son peuple, il descendit quelques marches.

Claudine passa en avant. Je la rattrapai et je m'adressai au roi :

— Mon vieux camarade, au nom de notre déjà ancienne amitié, faites-moi le plaisir d'accepter la combinaison que vos sujets doivent vous proposer. Ils ne veulent plus d'autocrate ; ils ont décidé, tout à l'heure, au marché, de demander votre abdication. En échange de quoi ils vous acclament Président de la République et me choisissent comme unique ministre. Si vous refusez, c'est l'exil sans phrase. Acceptez, pour l'amour de Dieu, et je vous promets d'être votre fidèle et dévoué collaborateur.

Stanislas, devant cette foule qui attendait sa décision avec anxiété, leva sa casquette et cria d'une voix puissante :

« Vive la République ! »

Puis il appuya sa main droite sur mon épaule en me chuchotant :

— Vous en avez de bonnes !

Au même instant les bérets, les panamas, les casques de coutil volèrent; un hurrah ébranla les feuilles des arbres de son souffle prodigieux; tous s'embrassaient, se serraient la main, ainsi qu'aux grands jours de la Révolution française.

— Est-ce trahison ou fumisterie ? me demanda Stanislas.

— Ni l'un ni l'autre, lui répondis-je, quelque peu gêné.

— Moi, je trouve ça rigolo ; mais l'Angleterre ne sera pas contente.

— Bigre ! fis-je.

Claudine, cérémonieusement, tira sa révérence.

— Bonjour, monsieur le Président. Vous plaît-il que je congédie ces gens? S'il vous convient de juger du pouvoir que j'ai sur eux, autorisez-moi à être votre porte-paroles ; je vais sur-le-champ les renvoyer dans leurs foyers.

— L'essentiel est qu'ils soient tous contents. Faites, madame.

— Il serait plus naturel que vous leur parlassiez. Allons, un bon mouvement, remerciez-les ; ce sont des enfants, on en fait ce qu'on veut : une phrase les emballe, un mot les bouleverse.

Stanislas mit le comble à notre admiration et à celle de son île.

— Amis, dit-il, pourquoi ne me l'aviez-vous pas dit plus tôt? Aviez-vous donc à vous plaindre de moi? Ne vous ai-je pas donné toute ma force ? tout mon temps ?

Le petit sec leader, Ramana-Omi, l'interpella :

— Melboûne ! Petites actices du théâte et du café-concêt.

L'ex-roi, alors que toute la population se retournait indignée sur l'impétueux personnage, répondit simplement :

— La personne à laquelle on fait allusion et quelques-unes de ses camarades du théâtre et du café-concert, comme dit l'honorable Ramana-Omi, grâce à mes démarches, veulent bien venir à Alofi et interpréteront devant vous les plus jolies opérettes et les meilleures chansons de leur répertoire. Je vous demande de patienter encore quelques semaines et on érigera un casino, à cent mètres de la jetée. Si vous êtes sages, je vous promets une roulette et un jeu de petits chevaux. Vive Alofi !

Enthousiaste, Claudine termina la séance :

— Et moi, je vous installerai un Théâtre-Libre, à l'instar de Paris. Maintenant, braves citoyens, regagnez vos demeures et priez pour votre président, son ministre et l'humble servante du Progrès.

Une dernière salve de : « Bâvo ! Vive l'Épûblique ! » clôtura cette mémorable matinée et les Alofiens retournèrent à leurs travaux.

Nous formions un trio sympathique et charmant, versant de la Bonté, de la Justice, des promesses de Bonheur, par nos regards, par nos mains protectrices tour à tour levées et abaissées sur l'océan de visages humains qui avançait jusqu'à la dernière marche du Palais.

Bientôt il n'y eut plus que nous.

Stanislas reprit :

— Oui, vous en avez de bonnes ! Qu'est-ce qui vous prend ?

— Nous vous faisons un nom dans l'histoire, tout simplement, rétorqua Claudine.

— Nous vous associons dans notre rêve d'art et d'humanité, puisque vous êtes un cerveau, une supériorité.

Flatté, Stanislas nous serra la main et déclara :

— Roi ou Président, c'est la même chose, pourvu que mes octrois fonctionnent comme par le passé, et que l'Angleterre me continue ma petite rente. Quant au reste, mes chers amis, je vous laisse le soin de le créer. D'ailleurs, demain, vous aurez le gouvernement de l'île, car je pars dès l'aube, par le paquebot des îles Sandwich qui va à Sydney et à Melbourne. Je n'ai que le temps de faire mes malles et de vérifier les comptes du commissaire du port. Je serai ici dans un mois avec mes petites chanteuses. Bonjour donc, et à la prochaine fois.

Nous rentrâmes à la Résidence, un peu vexés de la dernière attitude de Stanislas et nous demandant ce qu'il pouvait bien préparer contre nous.

— Je crains bien, dis-je à Claudine, que tu n'aies embrouillé les choses. Nous étions si tranquilles. D'abord, nous sommes venus ici pour nous aimer !

— Mais je t'aime, mon amour ! Et nous allons nous amuser tout en nous aimant.

— J'ai des pressentiments.

— Mon Paul, mon amant, dans vingt mois nous aurons métamorphosé ces sauvages. Nous pourrons partir. Nous en emmènerons vingt-cinq que nous exposerons au Jardin d'Acclimatation et je te réponds du succès. On viendra voir jouer la comédie rosse et symbolique par nos Océaniens, dans le Palmarium. Tu ne trouves pas que mon idée prend de l'importance ? Nous incarnerons les Dieulafoy d'Alofi avec quelque chose de plus moderne, de plus utile. C'est admirable. Comprends-tu maintenant ?

Je rêvais.

Je rêvais que ce que nous tentions était sublime ou idiot, et que nous serions toujours fixés là-dessus, un jour ou l'autre.

IX

PROJETS ET PROMENADES

Le lendemain de bonne heure, la population d'Alofi apprit le départ de Stanislas.

Ramana-Omi vint à la Résidence, de la part de ses concitoyens, et jugea sévèrement la conduite du nouveau Président.

— Moussu le ministe, vous voyez bien qu'il est un blagueu.

Claudine lui demanda si on s'occupait d'installer la tente et les tréteaux pour la grande représentation projetée.

— Oui madame ; ils s'y mettent à cent pou teminié la constuction.

— Braves gens ! soupira-t-elle.

Le leader promit d'aller surveiller son monde. Claudine le remercia, folle de joie à l'idée d'interpréter devant un tel public quelques belles scènes inédites d'un acte en vers, *la Forêt fleurie*, qu'elle avait retrouvé dans sa malle. Lorsqu'il fut parti, elle me dit :

— Nous leur jouerons ça, mon Paul ; c'est très joli. Te rappelles-tu Perrichet, un petit poète de Montmartre qui dit des chansons politiques dans les sous-sols de l'avenue Trudaine ? Il m'avait remis cette saynète, croyant que j'avais quelque influence. Je n'en ai qu'ici de l'influence, aussi je ne raterai pas l'occasion.

Le cuisinier-portier-secrétaire de la Résidence, le doux Adolphe, nous apporta notre café au lait et nous commençâmes la lecture de l'acte de Perrichet.

Grande fut notre satisfaction lorsque nous découvrîmes qu'il y avait un rôle de petite princesse noire dans la piécette.

La jolie Poupa, dite Lavallière, la favorite du harem, y ferait fort bonne figure. N'avions-nous pas le droit de lui rendre sa liberté, puisque l'insouciant Stanislas nous laissait libres de commander ?

L'autre rôle de femme : une petite princesse blanche, restait à Claudine.

Pour ma part, je devenais l'unique personnage homme, le jeune premier, répondant au nom de François. La pièce, ainsi distribuée : la princesse Annette : Claudine; la princesse Bamboulinette : Lavallière; et le troubadour François : Paul Surgères, fut lue par Claudine, pendant qu'Adolphe reçut l'ordre de ramener la maîtresse de Stanislas, morte ou vive.

Il s'agissait dans ce petit poème d'une naïveté voulue, doux et simple comme un mystère du moyen âge, de la fille du roi Bamboula. Elle s'était égarée dans un bois fleuri et les fées l'avaient endormie, pour le plaisir un peu criminel d'assister à l'asphyxie d'une demoiselle, rien qu'en lui faisant respirer des fleurs. Survenaient ensuite la princesse Annette et son fiancé François. Ces derniers, tout en causant amoureusement, cueillent des fleurs ; il y en a un tas au pied d'un arbre. Au fur et à mesure qu'ils les tressent en gerbe, ils découvrent le corps inanimé de la jeune négresse. Épouvante, surprise du couple, réveil lent de Bamboulinette qui, peu à peu, recouvre entièrement la parole et raconte par le détail l'arrivée des fées, leur bavardage, les fleurs respirées et finalement la migraine, l'assoupissement, le sommeil profond : image de la mort. La main dans la main, nos amants écoutent la jeune Bamboulinette faire le récit de sa poétique et terrible aventure, et, finalement, la reconduisent jusqu'à l'orée de la forêt. Là, elle retrouve son chemin...

Bien entendu, tout le charme était dans les vers pleins de pensées et de gazouillis d'oiseaux.

— Aurons-nous le temps d'apprendre nos rôles? Et faut-il compter sur la mémoire de Poupa?...

Je dis cela à Claudine.

— Je suis assez d'avis de remettre la représentation à quinzaine ; il serait trop maladroit de la compromettre. Je prierai Ramana-Omi d'avertir ses camarades. Avec cinq ou six bonnes répétitions, je me charge de régler la mise en scène et de fourrer ces jolis vers-là dans la cervelle de la houri.

— Il faut confectionner des costumes.

— J'ai ma robe blanche. En me drapant les épaules dans mon dessus de piano, je te garantis que je n'en crains pas pour épater les sœurs Callot si elles sont dans la salle. Ne suis-je pas née couturière aussi?

— Oui, tu es tout : cabotine, trottin, femme d'État.

— Tu enfileras ta robe japonaise, dernier souvenir du bal des Increvables, et nous laisserons Lavallière s'attifer à sa guise. Elle sera toujours plus couleur locale que toi et moi.

Adolphe venait d'entrer, escorté de la petite courtisane.

La pauvre chatte noire, intimidée, s'imaginant qu'elle encourait les plus grandes peines, en sortant du harem sans la permission de Stanislas, fut longue à se remettre et à nous croire, lorsque nous lui exposâmes que l'île d'Alofi était tout d'un coup devenue INDÉPENDANTE.

Ramana-Omi, que le vigilant Adolphe chargea de libérer Poupa, dite Lavallière, en avait profité pour donner la clef des champs à toutes les autres pensionnaires, et c'était l'abolition des droits du seigneur, la liberté complète pour les femmes, leur émancipation, le respect de l'amour.

Le vigoureux humanitaire escortait également la craintive Poupa et l'exhortait à avoir confiance, devant nous.

— Si toi as peû haêm, viens chez moi, te donnêai hospitalité. Toi dodo avec moi, bon lit, maison, si toi as peû.

— Ma petite Poupa, nous te ferons une chambre dans notre Résidence inviolable;

sois sans aucune inquiétude. Libre à toi aussi de rentrer au harem. Nul ne commande à Alofi ; on n'obéit plus, on vit à sa guise.

— Si nous parlions un peu de la pièce ? dis-je. Au fait, mon cher Ramana-Omi, nous ajournons la représentation à une autre semaine. Vous comprenez pourquoi. Il nous faut apprendre les rôles, les répéter et vous donner un spectacle absolument irréprochable. Je vous prie d'en avertir les plus riches comme les plus pauvres, car tous auront le droit d'assister aux réjouissances que nous vous promettons.

Ramana-Omi, tout à fait de notre avis, se répandit dans la ville. Nous gardâmes à déjeuner Poupa, dite Lavallière, et nous lui fîmes raconter son histoire.

La pauvre petite connaissait Paris. Elle avait figuré à l'Exposition, sur l'Esplanade des Invalides ; elle dansait des pas tristes, après-midis et soirs, accompagnée par un instrument à corde unique et un tambour étroit et long. Mais, âgée de quinze ans, elle se rappelait fort bien qu'un jeune homme l'avait enlevée, une nuit, malgré la surveillance du gardien du cantonnement.

— Est-ce chose possible ? s'exclama Claudine.

Personne n'en a jamais rien su ; mais peut-être que M. le Résident connaissait son amant si fugitif, si loin, si méconnaissable sans doute aujourd'hui ; mort peut-être bien, ou marié ! Ah ! le reverrait-elle jamais? Maintenant libre, elle pouvait bien s'embarquer via Melbourne, de là gagner Albany et filer sur Zanzibar, Aden, Port-Saïd et Marseille. Avec ses économies, elle vivrait quelques semaines, pendant lesquelles elle chercherait à gagner sa vie, soit en dansant, soit en chantant, soit en aimant.

— A ton choix, ma petite. Si tu décampes par le prochain paquebot, dans trois semaines, je te donnerai des lettres pour deux ou trois journalistes, dont un courriériste de théâtre, qui se chargeront de te lancer. Mais il faudra bien savoir le rôle que madame et moi te destinons. La représentation publique est fixée, il n'y a pas à dire non.

Claudine raconta à Poupa ce qu'était Bamboulinette, comment elle devait comprendre le caractère de cette suave princesse.

Pas bête du tout, Poupa, dite Lavallière, éprouva un vif plaisir à la lecture de quelques vers du bon poète Perrichet.

— Joli, joli, exprima-t-elle, en ouvrant de grands yeux et en sautillant.

Émerveillés de tant d'intelligence et de gentillesse, Claudine et moi, nous l'embrassâmes.

Toute la journée se passa à lire et à relire la pièce. La petite ne s'en tirait pas mal. Elle comprenait fort bien le sens et c'était avec une réelle originalité qu'elle récitait le divin poème. Ah ! si Perrichet avait été là, il ne se serait pas embêté. Au lieu de perdre son temps à errer du Mirliton au casino des Concierges, n'eût-il pas mieux employé ses loisirs à faire danser sur ses genoux la gracieuse Lavallière du prince absent?

Le soir nous accompagnâmes cette Poupa jusqu'au harem. Elle n'osait pas encore découcher.

Nous prîmes par le plus long.

Comme il faisait excessivement doux et que l'air embaumait, nous suivîmes par la plage avant de tourner du côté du Palais.

Le ciel, d'un velours bleu tout épinglé d'étoiles d'or, la mer qui s'éloignait et dont on percevait le bruyant souffle dans le lointain, ce glorieux nocturne nous prit l'âme.

Un phénomène singulier mit le comble à notre muet enthousiasme.

J'ai dit que la mer s'était retirée. Mais sur une longueur et sur une largeur immenses, le sable fin était encore humide des vagues déjà enfuies. En sorte que nous nous promenions sur ce tapis, droit devant nous, pour atteindre la mer qui reculait toujours. Claudine et sa jeune compagne me précédaient. Tout d'un coup, je leur criai :

— Retournez-vous.

Elles se retournèrent et poussèrent un cri. Claudine et Poupa, la petite noire surtout, ne voulaient plus avancer.

Sur le sable mouillé tout le ciel se reflétait, couleur, étoiles, comme dans un miroir. Tant qu'on allait devant soi, il était impossible de s'en apercevoir, puisqu'on distinguait confusément la mer, à trois cents mètres ; mais en lui tournant le dos et en fixant les yeux sur le sol, *on marchait sur un étang*.

Je dus me livrer à un petit temps de galop les précédant, pour leur prouver que j'étais bien sur de la terre ferme. Alors, elles me suivirent, non sans effroi.

Une demi-heure après, notre exquise camarade réintégrait le harem et nous rentrions, enlacés, grisés des êtres et des choses que nous approchions.

Cette certitude aussi de mener une vie neuve, incroyable et possible, nous affolait. La transition était trop brusque; nous ressemblions à des passants devant une vitrine de pierres précieuses, des passants qu'on eût autorisés à se servir eux-mêmes des gemmes exposées, sans avoir à désigner laquelle, sans devoir remercier personne!

Marcel Dumoulin, le commissaire du port, que nous rencontrâmes, nous raconta des choses fort intéressantes. Il avait vu, la veille au soir, l'ex-roi Stanislas. Ayant à lui montrer les comptes de Douane et à lui verser la somme de deux cent quinze francs, l'ami de l'Angleterre ne s'était pas caché de nous en vouloir; il trouvait notre conduite singulière et son voyage en Australie avait un but : nous attirer des désagréments.

Marcel Dumoulin, en sa qualité de Français, m'informait de ces projets pour que j'eusse le temps d'aviser ma chère patrie de se tenir prête à tout.

— Alors, c'est la guerre, dîmes-nous avec Claudine.

Dumoulin nous rassura :

— La guerre ! Comme vous y allez ! La guerre avec qui ? contre quoi ?

Je n'avais pas besoin de Dumoulin pour comprendre. L'Angleterre ferait peut-être de simples observations au quai d'Orsay, par l'intermédiaire de son ambassadeur ou de son consul ; on lui donnerait raison, pour la forme ; mais je serais promu résident de première catégorie — et le ruban rouge suivrait immédiatement mon rappel.

Claudine eut la même idée que moi.

Nous n'avions plus qu'à attendre la dépêche de Rougemont, et rien ne devait nous empêcher de donner notre représentation chatnoiresque aux innocents Alofiens.

D'ailleurs, Stanislas ne pouvait pas arriver à Sydney avant huit jours.

Puisqu'on avait reculé la date du spectacle, il était aussi facile de l'avancer.

Nous ne nous inquiétâmes pas pour si peu. Lavallière saurait son rôle après-demain, on répéterait généralement dans quatre jours.

Dumoulin nous accompagna jusqu'à la Résidence. J'étais énervé! Était-ce la chaleur un peu lourde? les événements de la veille et les déclarations du commissaire? Je laissai Claudine monter à sa chambre et je me promenai.

J'allai, seul, jusqu'au harem, en fumant des cigarettes et je pénétrai dans les appartements des femmes. On avait supprimé les eunuques depuis la proclamation de la République; aussi toutes les pensionnaires erraient-elles à leur fantaisie dans l'île : la nichée était envolée, sauf Poupa, que je trouvai, lisant attentivement son rôle... (Claudine et moi, nous savons vraiment l'art de semer le désordre partout où nous sommes.)

L'exquise petite favorite épelait tout haut les mots difficiles, pour bien se pénétrer de leur orthographe et de la façon de les articuler.

Oh ! la douce demi-heure, auprès d'elle !

La danseuse océanienne de l'Exposition universelle me parla encore de son amoureux de Paris — il me ressemblait, paraît-il, il parlait doucement, à ma façon, et ses yeux étaient bleus comme les miens.

Elle se rapprochait de moi, alanguie et tendre.

Brusquement, elle posa sa bouche sur la mienne.

Pends-toi, Loti ! Moi aussi, j'ai ma Rarahu !

Oh ! la douce demi-heure d'amour ! en y comprenant les premières dix minutes de conversation préliminaire. J'avais dans mes bras le plus pur petit bronze de qui vous voudrez, en tout cas, d'un sculpteur merveilleux ; car cette Poupa, dite Lavallière était d'une perfection de formes, d'une souplesse, d'un charme peu communs.

A ce moment précis, Claudine entra :

— Eh ! les égoïstes, dit-elle, ils ne vous inviteraient même pas !

— Je te croyais couchée.

Je ne trouvai que cela à répondre. La surprise, généralement, ne donne guère d'imagination.

— Mademoiselle, si vous ne savez pas votre rôle après cela, ajouta-t-elle, ça ne sera pas de la faute de Paul.

Poupa, qui n'avait aucune notion de la jalousie, habituée à voir Stanislas choisir autour de lui, crut que nous plaisantions.

Alors, souriante et gracieuse, elle nous offrit une danse caractéristique.

Vrai, la vie à Alofi n'est pas une chose banale, Claudine dut en convenir.

X

IDYLLES, PUIS TRAVAUX MÉCANIQUES

Poupa m'aime. Nous nous aimons et Claudine ne trouve pas cela si ridicule. Exquise Claudine! Elle aussi m'aime et nous nous aimons aussi, sans conteste. O suprême félicité! bonheur étrange, rarissime, que ne connaîtront jamais les Rougemont, les Grand-pierre, les Beaugéant, ces amis qui souffrent à Paris de l'éternelle blessure au cœur. Pauvres ignorants...

Intelligente, géniale, Claudine a compris

qu'elle n'avait pas le droit de s'opposer à notre joie. Logique en tout, assoiffée de nouveau, d'invraisemblable, elle me donne journellement des gages de sa supériorité.

Poupa est à la Résidence. Non pas maîtresse en titre; mais simple favorite. Personne ne soupçonne ce roman; sa présence ne choque ni les timorés, ni les indépendants; n'est-elle pas justifiée par les répétitions de notre pièce?

Du matin au soir, on a la brochure à la main, on s'occupe de mise en scène, on essaie sa voix, on prend des poses.

Claudine conseille à Poupa de mieux prononcer, et Poupa, dite Lavallière, sert à Claudine de gracieux modèle, tant ses gestes sont exquis. Encore une fois, elle est la petite danseuse exotique de l'Exposition, la rivale des Javanaises du prince Mangko.

Nous passions tous trois de trop courtes après-midis dans la forêt aux mimosas. Des oiseaux plus bariolés encore que ceux des jardins zoologiques célèbres, sifflaient au-dessus de nos têtes et volaient de branche en branche. Quelques-uns, les moins craintifs, venaient se poser sur nos épaules et ouvraient leurs ailes, comme pour nous éventer.

Quelques friandises que Claudine apportaient rassasiaient notre petite amie, toujours gourmande; après quoi, nous rentrions dîner à la Résidence, un peu las de notre marche dans les brousses. (En était-ce des brousses) ?

Le matin, Ramana-Omi me mettait au courant des travaux de la population et Dumoulin me faisait signer le livre du mouvement du port.

Il était rare qu'on eût à signaler la présence d'un gros caboteur ou d'un bateau étranger ; seules, les barques des pêcheurs qui rentraient du large payaient une mince redevance en raison de la quantité de poisson dérobée au Pacifique.

Dumoulin me proposa de garder les douze francs environ récupérés depuis plusieurs jours ; j'y consentis, me souvenant que le directeur de la Compagnie Financière m'avait nommé son correspondant.

Il est doux, je ne le cacherai pas, d'être à la tête d'un pays, fût-il de l'importance d'Alofi, et de pratiquer, en même temps, une existence sentimentale, à l'abri des préjugés connus.

Nous commencions à oublier Stanislas, nous étions même ingrats. Ne se passait-on pas autant de lui qu'il se passait de nous ? Stanislas pouvait nous rayer de sa mémoire, nous nous consolions de son départ.

Notre sublime mission primait tout devoir d'amitié. Ce n'était plus l'ancien condisciple du collège Chaptal ; mais un gouverneur d'hommes, un roi, un tyran aimable que nous pensions convaincre de libéralisme.

Ne représentais-je pas la France ? La France n'avait-elle pas les yeux fermés, — ah ! oui ! fermés ! — sur nous, comme le bon sphinx du désert qui observe et ne dit rien ?

Un bon républicain doit faire des républicains. Convertir un peuple, c'était bien ; poser le bonnet phrygien sur le polo d'un roi, c'était mieux. Je me sentais de plus en plus dégagé des scrupules de notre vieille Europe.

Ma liaison nouvelle, audacieusement installée vis-à-vis d'une maîtresse aussi sûre que Claudine, quel retour à l'âge d'or !

Ceux à qui je raconterai mon histoire souriront, je le comprends — ou du moins je les eusse compris, il y a quinze jours — ils trouveront que je joue au musulman, que je suis bigame, polygame, que Claudine est vraiment une bonne pâte et que ces plaisirs-là indiquent que je vieillis ou que ma moelle s'atrophie et se ratatine. Je ne me donnerai même pas la peine de sourire.

J'aime Claudine, quoique j'aime Poupa, dite Lavallière ; nous formons une famille nouveau modèle, ceci ne regarde que nous et nous envoyons les principes — quels principes d'abord ? — se faire lanlaire et les bavards aussi.

En passant à Melbourne, nous avions fait emplette de bicyclettes. Bien entendu les gens d'Alofi connaissaient cet instrument. Stanislas en usait.

J'imposai une leçon à Poupa à qui Claudine prêta, de bonne grâce, sa bécane. Docile et agile, elle en sut autant que nous en trois heures de temps.

Les avenues d'Alofi sont larges et unies; nous sortions fréquemment. Mes deux amies se promenaient aussi, sans moi, alors que mes travaux me retenaient à la Résidence.

Ce qui ne nous empêchait pas de penser à la représentation tant attendue de tous et toujours retardée.

On nous guettait dans la rue; les hommes s'approchaient timidement de moi, les femmes attendaient la réponse à cinq pas, confuses. On me demandait si tout allait à souhait, si on jouerait comme il était convenu.

Je calmais mon monde. Je rassurais d'un regard, d'un long regard sympathique et fraternel.

— Oui, citoyens et citoyennes, n'ayez crainte. On ne vous trompera pas, chers amis. Votre tente est bien construite, merci. Comptez sur mon dévouement.

Ils me serraient la main, quelques-uns me la baisaient même, pour bien m'assurer qu'ils croyaient à ma parole.

Et les idylles !

Nous aspirions à la paix, que ce fût au bord de la mer où les barques heureuses glissaient, ou dans les bois inondés de soleil, marchant sur les ombres des arbres, les sautant à pieds joints, légers comme de jeunes chevreaux.

Lavallière nous initiait à la littérature de son pays, peu compliquée, mais toute naïve et colorée, rappelant parfois quelques pages du Rama des Indiens.

On peut croire que nous négligions les intérêts agricoles, industriels et financiers des planteurs d'Alofi? Que non pas!

Claudine avait écrit à quelques amis de Paris, de gros manufacturiers, des usiniers et autres administrateurs, de nous adresser quelques machines essentielles. Moteurs à pétrole — le gaz, hélas! était encore inconnu — à vapeur, tours, machines à tarauder, à cisailler, à percer, à fileter, à chanfreiner; forges à main; une armée de caisses renfermant marteaux, ciseaux, limes, clefs, vrilles, tenailles, boulons, vis, clous de toutes espèces, rivets, rabots, scies, tarières, gouges, etc...

Nous n'avions plus qu'à attendre.

La question du gaz nous préoccupait; mais le gaz, c'est bien vieux. Une bonne électricité aveuglante, crépitante, serait moins coûteuse et plus vivement établie. A cet effet, je m'adressai à la maison ***, qui devait nous expédier des dynamos, des accumulateurs, des voltemètres, des ampéromètres, des interrupteurs, des commutateurs, des lampes à arc, d'autres à incandescence.

Le téléphone était-il nécessaire ? Les courtes distances nous en dispensaient, je crois. On verrait un jour. Il y avait d'autres choses plus urgentes.

Nous avions eu soin de demander qu'à chaque caisse fût jointe une explication minutieuse sur le montage de ces machines de précision.

Certains journaliers d'Alofi passaient pour adroits, Ramana-Omi et Dumoulin me les désigneraient et j'en ferais des contremaîtres.

*
* *

En attendant ces suprêmes installations, nous explorions l'île avec le désir de trouver chaque fois un coin plus mystérieux pour nos flâneries.

Ceux qui assurent que le jardin du monde est à Ceylan (à Paradiana, précisons) ignorent l'île d'Alofi, ses petites forêts odorantes, ses sources chuchoteuses, ses hauts arbres feuillus, ses lianes grimpantes, ses effluves qu'aucunes distillations de parfumeurs exquis n'approcheront jamais.

Pour Claudine et moi qui eûmes si souvent à offrir ou à recevoir les orchidées de Labrousse, de Lachaume, de Duval, quelle ironie de les voir à profusion devant nous ! par gerbes, en guirlandes, en quantités roses, mauves, jaunes, bleues aussi.

— J'ai dit des vers là-dessus, soupirait une fois Claudine, au temps où les poètes parisiens attribuaient quelque rareté à ces insectes de la flore...

— Encore aujourd'hui, rassure-toi, ma Claudine. La jolie comtesse Desbares se trouve mal devant un cypripedium bizarre. Rien n'est plus poétique, en vérité. Récite-nous-les tes vers ; notre jeune amie les comprend, et moi je les adore.

Et Claudine, en promenant ses doigts dans les branches d'un arbuste chargé de fleurs, comme les buissons multicolores du petit tableau de Brueghel au musée du Louvre, laissa tomber d'une dolente voix, dernière manière, ces strophes d'alexandrins :

..... ma retraite est indéterminée,
Et je soigne mes fleurs pour passer la journée.
Particulièrement le Trychopilia,
Qui me fit oublier la pâle Lilia ;
Et l'Odontoglossum, blanc-neige et bleu-pervenche,
Dont l'amour partagé me fut une revanche ;
Et le brun Barbatum, fier sabot de Vénus ;
Enfin tous ces trésors qui guérissent, venus
Du Pérou, du Brésil et de la Colombie
Pour mon parfait plaisir et ma folle lubie.

Lilia m'apprit à chérir la nouveauté,
J'ai cent femmes depuis qu'a commencé l'été ;
L'une a les cheveux blonds et veut qu'on la respire,
L'autre est brune et me dit quelque chose de pire ;
L'une est un coquillage au bout d'un fin fuseau,
L'autre a l'air d'un oiseau qui dort sur un roseau ;
Et jusqu'à celle-là qui, sous sa capeline,
Est comme une petite écolière orpheline
Dont l'âge pourrait bien valoir de la prison
A celui qui la tient cachée à la maison.

Nous regardâmes Poupa, pour qui ces deux derniers vers semblaient être écrits.

Quelquefois aussi je lisais. Un petit exemplaire de *Daphnis et Chloé* et un délicieux livre de vers d'amour de Gabriel d'Annunzio faisaient tous les frais de notre retraite, certaines après-midi de doux soleil, pendant que les *pantomas*, sorte d'oiseaux comparables aux canaris, s'exerçaient à des chromatiques aiguës.

Naïve et toute d'instinct, la petite sauvage préférait le poème de Longus ; ce passage-là surtout : « ... La richesse des champs admirable à voir, l'air tout embaumé suave à respirer; les fleuves paraissaient endormis, coulant lentement et sans bruit; les vents semblaient orgues ou flûtes, tant ils soupiraient doucement à travers les branches des pins. On eût dit que les pommes d'elles-mêmes se laissaient tomber énamourées, que le soleil amant de beauté faisait chacun dépouiller. Daphnis de toutes parts échauffé se jetait dans les rivières, et tantôt se lavait, tantôt s'ébattait à vouloir saisir les poissons, qui glissant dans l'onde se perdaient sous sa main; et souvent buvait, comme si avec l'eau il eût dû éteindre le feu qui le brûlait... Puis quand ce venait sur le midi, adonc étaient-ils tous deux plus ardemment épris que jamais, pour ce que Chloé, voyant entièrement nue une beauté de tout point accomplie, se fondait et périssait d'amour, considérant qu'il n'y avait en toute sa personne chose quelconque à redire... Aucunes fois il lui apprenait à jouer de la flûte; et quand elle commençait à souffler dedans, il la lui ôtait, puis il en parcourait des lèvres tous les tuyaux d'un bout à l'autre, faisant ainsi semblant de lui vouloir montrer où elle avait failli, afin de la baiser à demi, en baisant la flûte aux endroits que quittait sa bouche... »

Claudine, plus moderne, en sa qualité de Parisienne qui a marché sur une scène subventionnée, goûtait davantage l'*Intermezzo di rime* de l'auteur des *Vierges aux rochers*... « Nous allions par le bois. Subtile elle était, et toute blonde; sur sa nuque d'enfant, deux mèches frisées avaient ces chaudes lueurs vermeilles qu'ont les vierges antiques de Tadéma. Entre ses longs cils, ses yeux avaient l'iris verdâtre, rayonnant de grains d'or. Dans la haute herbe odorante, elle surgissait droite comme un stèle vivant. Nous allions par le bois. Sur un fond de ciel orangé, les grands arbres devant nous, dans le feuillage, prenaient des teintes métalliques, des tons intenses de cuivre. Ils paraissaient des troncs fondus dans le bronze ; mais sous les écorces, en passant, nous sentions monter le frisson interrompu de la sève. Et nous sentions aussi les bourgeons éclater. O nymphes hamadryades cachées dans les extrêmes racines, ne chantiez-vous pas sur notre passage les vœux à l'amour !. . »

*
* *

Comme le vent soufflait un peu fort, Claudine s'exclama :

— Dommage qu'il n'y ait pas de moulins ! On les exposerait sur la dune et la brise de mer ferait mouvoir leurs larges ailes.

Elle se retourna sur Poupa.

— Dites donc, petite, comment fait-on la farine ici?

— Je vais vous le dire, madame, répondit respectueusement notre gracieuse favorite. On prend chaque grain de l'épi, on retire, autant qu'il est possible, l'enveloppe sèche, l'écorce; on pile dans un grand mortier : cela fait de la poudre blanche. Ensuite, il suffit de passer le tout dans un large tamis. La farine tombe sur la natte qui est en dessous. Voilà.

Je lançai une œillade à Claudine et nous sourîmes de tant d'ingénuité.

Les gens du moyen âge et même les paysans du commencement du siècle, qui n'eurent jamais de machines, s'en tiraient autrement.

A la Résidence, nous consultâmes *les Merveilles de l'Industrie* et nous apprîmes, sur le compte des moulins à vent et à eau, les choses nécessaires qu'il nous fallait savoir.

Ramana-Omi, plus cultivé que ses concitoyens, se chargea de confectionner tout seul le pistrina des Romains. Ce moulin se composait de deux pierres ; l'inférieure, conique, s'adaptait à la supérieure qui était creusée en double cône. Le grain était jeté dans la partie creuse et écrasé entre la surface convexe et la surface concave à laquelle on imprimait un mouvement de rotation soit à la main, soit par un manège (un âne suffirait à cette besogne), soit par une grande aile qu'actionnerait le vent du Pacifique.

*
* *

La représentation était fixée au lendemain, dix-sept jours après le départ de Stanislas. Nous répétâmes généralement devant le commissaire, esprit fin, et quelques personnes d'Alofi, celles qui devaient nous servir de machinistes. Dumoulin, espèce de Parisien en exil, n'était-il pas désigné tout naturellement aux fonctions de souffleur? J'ai su depuis que cet excellent garçon s'était échappé de Nouméa, ville triste.

Les spectacles des frères de la Passion aux temps des vieux rois de France ne devaient pas avoir de cadre plus naïf que le nôtre. Mais n'est-ce pas sur une simple estrade que le divin Shakespeare jouait ses poèmes et ses tragédies devant le peuple?

J'avouerai sans peine que Poupa, dite Lavallière, avait plus de naturel que l'élève de Delaunay, Claudine Renard, et que sa maladresse en scène me plut fort.

Je laisse de côté mon opinion personnelle, celle du public comptant seule.

Et puis, si les gens de la Terre de l'Amour ne comprenaient pas grand'chose aux vers ciselés de l'auteur de la *Forêt Fleurie*, on finirait bien par faire leur éducation littéraire et dramatique.

Avec du temps et de la patience, on arrive à tout, comme dit la sagesse des nations. Et si les indigènes étaient à plaindre de nous endurer, nous et nos fantaisies, tant pis ! car nous employions délicieusement nos heures sous cette lointaine latitude. Plus que délicieusement.

L'inauguration du moulin fut fixée à quinzaine.

XI

THÉATRE ET COUP DE THÉATRE

Le matin de la représentation fut un radieux matin. La nature semblait avoir fait une toilette soignée pour assister aux réjouissances d'Alofi.

J'avais peu dormi, — non par la crainte de paraître devant ce public moins qu'exigeant, — mais énervé quand même d'avoir à m'exhiber sur une scène, de dire des vers, de jouer avec mes compagnes, Claudine et Poupa, créatures aimées à qui je voulais plaire avant tout.

Dumoulin vint cogner à ma porte.

— Monsieur le Résident : c'est des amis !

Déjà ! Mes administrés venaient-ils me donner une aubade ?

— Des amis à vous, monsieur Surgères, des amis de Paris.

Claudine, qui dormait, se réveilla là-dessus; *des amis de Paris*, avait interrompu son tranquille sommeil d'enfant.

— Va vite voir !

Je ne pris même pas soin de me vêtir, je courus en chemise jusqu'à la porte que j'entre-bâillai.

— Oui, monsieur, des amis qui vous gobent bien, allez, pour s'offrir un tel voyage.

Je n'y étais pas du tout.

— Bonjour, monsieur le Résident, me dit Dumoulin, en me donnant la main.

— Qu'est-ce que vous me chantez là? Des amis de Paris?

— Le yacht *la Navette.*

Pour le coup, je compris! *la Navette* est un admirable sloop que le richissime Beaugéant avait fait faire chez Nicholson à Liverpool, et avec lequel il croisait d'ordinaire en Méditerranée. Quelle fantaisie l'amenait ici? Évidemment, il savait que j'étais nommé Résident des îles Wallis et installé à Alofi, Terre de l'Amour, et tous les camarades baguenaudeurs du cercle s'étaient entendus pour me venir surprendre.

Voir Surgères et Claudine dans leur nouvelle Cythère!

— Ils ont demandé tout de suite des nouvelles de madame.

Claudine leur tenait au cœur, les braves amis!

— Où sont-ils?

— Sur le pont de leur sloop qui est amarré à vingt mètres du port. Des dames en clair, trois ou quatre, autant d'hommes; un seul passager est venu jusqu'au commissariat dans le youyou : « Allez vite prévenir Surgères que Beaugéant et ses camarades sont venus du Havre lui demander à déjeuner!... » Telles ont été ses propres paroles, mon cher Résident.

— Est-il retourné à bord?

— Il m'a suivi. Voulez-vous lui donner vous-même la réponse? Appelez-le par la fenêtre.

J'ouvris les croisées de l'antichambre. Beaugéant était en bas, à la porte de la Résidence, causant amicalement avec Adolphe.

Je penchai la tête plus avant, et je l'interpellai :

— Eh! bonjour, Beaugéant. Je passe un

pantalon et je descends. Bonjour, vieux frère!

Rentrant aussitôt dans la chambre, je trouvai Claudine rendormie.

— Chérie, petite chérie, c'est Beaugéant et sa bande, Grandpierre, Lancelin, Margot, est-ce que je sais encore! Tu ne trouves pas ça sublimement rigolo?

Vite réveillée, Claudine me regarda fixement, comme si j'étais devenu fou.

— Quoi? répète....

— Beaugéant est là; *la Navette* entra dans le port ce matin; ils ont quitté la France quelques jours après nous. Pas de danger qu'ils m'en aient parlé, lorsque notre départ a été décidé!

Claudine sauta du lit et, toute dépeignée, en chemise de nuit à col de pierrot, elle mit, comme moi, la tête à la fenêtre du palier.

— Pssst! Bonjour, canaille! Eh! mon

colon! C'est bien toi en personne! Monte donc! Eh ben, vrai, pour un potin, c'en est un à mettre dans les déplacements et villégiatures du journal à Arthur Meyer.

Je venais de passer un coutil, Claudine enfilait un peignoir. Nous entendîmes Beaugéant qui grimpait l'escalier. Je courus au-devant de lui.

Enfin, nous voilà tous trois dans le salon. Et des poignées de main, et des embrassades! Et des nouvelles de tout le monde! Et du bonheur à revendre! Sûr, ces émotions-là valent le voyage! Nous ne savions pas par quoi commencer. Nous ne commencions pas, nous ne finissions pas non plus; on disait des choses qui ne signifiaient rien. On était idiot, délicieusement idiot, et, par-dessus tout ntent, ah! oui, content de vivre.

— Avec qui es-tu là?

— Avec Margot; pas possible autrement: on s'aime.

— Et puis qui?

— Ribot, le vieux noceur, Grandpierre et la petite marquise de Flou — ils doivent se marier, voyage de fiançailles. — Chacun a sa chacune; Lancelin est avec Diane Visard, qui a plus de talent qu'Yvette. On a permis à Ribot de garder Thérèse, parce qu'il ne peut vivre sans elle; mais on a bien recommandé à Thérèse de ne pas trop raconter d'histoires poivrées devant la marquise de Flou qui n'aime pas ce genre-là. Enfin, toutes les femmes sont jolies et bonnes filles — et la bande n'a pas encore eu un mauvais jour. Ç'a été une sereine traversée.

— Pourquoi êtes-vous venus à Alofi, sans prévenir? C'est-y que vous tenez à nous? lui dis-je avec tendresse.

— Evidemment. Nous avons un peu souffert de la chaleur dans la mer Rouge; mais d'Aden à Bombay, nous nageâmes dans une mer rose. Tout le long de l'Hindoustan, nous nous sommes régalés d'un tas de merveilles.

— Et à Batavia? Avez-vous des souvenirs de Batavia? interrompit Claudine. L'âme étrangère est-elle venue au-devant de vous, comme dit le bon voyageur Godet, qui a écrit sur l'île de Java des pages épatantes?

— Nous y avons vu des Arabes à burnous blancs, des Hindous en jupons écarlates, des Chinois se dandinant dans de larges pantalons de toile bleue, des Javanais et des Malais vêtus de blouses étroites aux nuances assourdies et cheminant d'un pas vif et souple, avec un gracieux balancement des hanches.

Claudine n'en revenait pas. Beaugéant se servait aussi bien qu'elle de la littérature des autres.

— On s'ennuyait de vous, et puis ce départ précipité nous avait donné de la mélancolie. Cet exil, sans rime ni raison, c'était comme une agonie de tout, un mépris de Paris, des amis, des choses.

— Pas de sentiment, mon vieux, lui dit Claudine, et ne nous plaignez pas. Ici, nous sommes parfaitement heureux ; vous ne savez certes pas ce que vous allez voir. Et puis, tâchez de ne vous permettre aucune observation désagréable devant nos nouveaux amis, notre peuple bien-aimé, ou ça finirait mal. Nous sommes tout-puissants en cette île d'Alofi, la plus importante de l'archipel Wallis. Ne venez pas apporter ici vos mœurs et votre fainéantise ordinaires; ne pourrissez pas ce petit ciel terrestre, dont nous sommes, Paul et moi, l'Adam et l'Ève civilisateurs.

Beaugéant considéra Claudine, comme étonné. Je souris, pour le rassurer, et je lui dit simplement :

— Mon cher, Claudine a raison ; nous sommes heureux à notre manière, et nous avons trouvé le moyen de faire des heureux, ce qui est encore plus difficile. Je ne suis pas fâché que vous voyiez cela de près, de tout près, et que vous le racontiez, lorsque vous serez rentrés, à qui voudra l'entendre. En attendant, allons jusqu'au port, et nous prendrons notre thé du matin à bord de *la Navette*.

Claudine ne fut pas longue à endosser une robe toute simple et à se coiffer du large chapeau de paille des Tropiques.

Je complétai mon pantalon de coutil d'un veston du même ordre et d'un casque à la Brazza (décrit plus haut).

Nous voilà en route pour *la Navette*. Le youyou qui avait amené Beaugéant, godilleur de première force, nous contint tous trois, et nous voilà accostant le sloop, salués déjà par les passagers qui ne retenaient pas leur joie.

Rapidement les gens de l'équipage avaient dressé sur le pont une table somptueuse, chargée de tasses, d'un samovar et de gâteaux secs.

Beaugéant se chargea de présenter respectueusement à la marquise de Flou ma maîtresse Claudine. Margot nous sauta au cou, Ribot eut une larme d'attendrissement, Grandpierre fit l'homme que rien n'étonne, Lancelin déclara que nous étions des gens extraordinaires et la rivale d'Yvette, la jolie Diane Visard, demandait déjà à ce qu'on montât le piano pour plaquer des accords nationaux. La petite grue de Ribot ouvrait ses yeux déjà grands et rêvait de finir ses jours au fond d'une ferme d'architecture océanienne, car elle savait traire les vaches et diriger une basse-cour.

— Je m'y connais, disait-elle ; si vos poules veulent couver au lieu de pondre, mettez-leur le derrière dans l'eau : c'est souverain.

— C'est utile à savoir, rétorqua Claudine, qui excusait ainsi Thérèse de parler aussi librement au nez de la marquise. Nous tremperons...

Tous m'interrogèrent sur l'importance de ma besogne de Résident. Je les attendais là.

Je pris un temps, comme fait l'acteur qui désire établir son effet, et tout en trempant une gaufrette dans l'excellent thé que m'avait servi Margot, je dis tranquillement:

— Non seulement je représente la France à Alofi, Terre de l'Amour, mais par un acte de violence je me suis emparé du pouvoir. Le roi Stanislas Ier, un ancien ami du collège Chaptal, sur mon conseil...

— Sur notre conseil, argumenta Claudine.

— ... a abdiqué et proclamé lui-même la République, repris-je.

— Il y avait donc un roi ? fit Grandpierre en ricanant.

— Nous n'en savions rien ! dirent les autres, littéralement ahuris et joyeux.

J'achevai :

— Rougemont, quoique directeur des Consulats au quai d'Orsay, ne se doutait de rien, comme vous, comme moi. C'est en arrivant ici que j'appris la stupéfiante nouvelle. Le hasard voulut que ce monarque fût un camarade de jeunesse, un condisciple. Là n'est pas le mal; mais ce naïf bonhomme ne me confia-t-il pas qu'il était à la solde secrète de l'Angleterre! C'est alors que je résolus de miner ce pouvoir peut-être dangereux dans l'avenir. Comment trouvez-vous ma tape à l'Angleterre? Ma réponse du berger à la bergère? Mon énergie de bon patriote qui n'aime pas qu'on se fiche de la France? Ne devais-je pas, par une intelligente activité et une subtile prévoyance, contre-balancer l'incurie de notre Ministère des Affaires Étrangères qui ne soupçonnait même pas la royauté d'Aloti? Je n'incrimine personne; mais j'ai le droit de dire que j'ai fait mon devoir et d'en réclamer le salaire au moment voulu.

Je crus saisir cette phrase de Grandpierre dite à l'oreille de Ribot :

— Notre pauvre ami a reçu un coup de soleil. Il est foutu!...

Mais je craignis d'avoir mal saisi, j'en restai là.

— Où est-il, le roi ? demanda Thérèse.

— Je lui ai conseillé, Claudine aussi, de prendre quelques semaines de repos à Melbourne. Il est fêtard et je crois même qu'il entretient là-bas une petite actrice d'opérette. Son peuple, d'ailleurs, ne le prenait pas au sérieux ; ses allées et venues en Australie avaient déjà mécontenté plus d'une fois le parti avancé d'Alofi. Tant pis pour Stanislas ! C'est sa faute.

Claudine prit la parole.

— Pendant son absence, nous avons pris contact avec la population ; elle nous est acquise. Nous nous chargeons d'en faire quelque chose de réussi. Science, industrie, littérature, ils doivent tout connaître. Aujourd'hui, nous leur offrons la comédie en plein air, et nous sommes heureux de vous inviter.

— Moi, je chanterai, dit Diane Visard.

— De plus en plus fort ! clamèrent-ils tous.

On savait déjà dans Alofi que des Français — des amis de M. Surgères, cela était l'important — venaient d'arriver, allaient débarquer, assisteraient à la représentation. Aussi, une grosse partie de la population attendait-elle, non sans impatience, le long du quai. Le coloriage amusant de tous ces costumes, l'animation, la vive allure de la foule, massée autour du commissariat, firent que les passagers de *la Navette* me marquèrent de la déférence, qu'ils comprirent enfin que je ne leur avais pas menti.

Comme la bande témoigna le désir de se balader dans l'île et d'examiner de près cette flore, cette faune et cette humanité nouvelles, je pris le youyou et j'avisai Ramana-Omi :

— Détachez une longue barque et venez chercher mes amis.

Le dévoué socialiste se fraya un passage parmi les Alofiens, et vint prendre mes ordres. Je sautai sur une marche du quai, je maintins le youyou d'une main. Immédiatement un pêcheur vint me seconder. J'en profitai pour dire quelques mots aux curieux :

— Je recommande à toute votre amitié les citoyens et les citoyennes qui vont mettre le pied sur le territoire. Ils ne resteront que quelques jours ici, assez cependant pour vous connaître, vous apprécier et raconter à Paris, à la France, ce que vous êtes et ce que vous valez. Maintenant, un homme de bonne volonté pour aider Ramana-Omi à amener la grande barque.

Tous inclinèrent la tête en signe d'assentiment. Ils me témoignaient ainsi leur désir de me plaire et leur amitié subite pour ceux qui pouvaient me tenir au cœur.

— Merci, mes amis. Je n'en attendais pas moins de vous, terminai-je.

Ramana, plus bavard que ses camarades, dit son mot.

— Moussu, on ne leû pendâ pas un cheveu !

Il n'y eut pas d'écho. La timidité des Alofiens est extrême et ils étaient autrement intéressés par *la Navette* et ses voyageurs, fort agités sur le pont.

Je repartis dans le youyou pendant que Ramana avec un beau gas ramaient à tour de bras à l'avant et à l'arrière d'une grande embarcation.

Ce fut la marquise de Flou qui s'installa

la première, puis Margot, Diane Visard et Thérèse. Les hommes suivirent.

L'équipage fit la toilette du sloop : les voiles à rouler, les cuivres à astiquer, le plancher à passer à la paille de fer.

Le capitaine, pure coquetterie, désirait que les citoyens d'Alofi vinssent visiter le yacht dans l'après-midi.

Claudine désirait rentrer dans la Résidence, elle en était partie si sommairement coiffée et habillée à la diable ! Je présentai Dumoulin à Beaugéant et je regagnai notre palais, où il fut convenu qu'on se retrouverait pour déjeuner.

Je retins l'excellente proposition de Diane Visard qui voulait à toute force chanter quelque chose au spectacle de quatre heures, et j'envoyai Ramana chercher le piano de Stanislas.

*
* *

Lorsque nous fûmes seuls, Claudine et moi, nous nous demandâmes s'il nous fallait réjouir de la présence de ces Parisiens !

Détruiraient-ils, par leur éternel scepticisme, l'espèce de nouvelle religion que nous tentions de créer ici ? Ou bien, à les voir si frivoles, si superficiels, les Alofiens ne regretteraient-ils pas de mettre leur avenir, leur espoir entre nos mains, puisque nous étions compatriotes de telles gens, et, ce qui est plus grave, leurs copains ?

C'est que nous avions charge d'âmes, désormais, et qu'il ne fallait pas plaisanter.

Figurez-vous un évangéliste, un pacificateur, un novateur qui commence à réaliser, qui va récolter ce qu'il a semé en un pays lointain, difficile, et que des gêneurs, des indifférents inutiles viennent troubler dans leur retraite, au risque de défaire toute la besogne accomplie, de dévider la bobine. Non, il ne fallait pas cela. Et que risquions-nous, puisque nous avions l'œil ?

Ils étaient charmants ; mais il fallait les surveiller. On les surveillerait.

Notre jeune Poupa vint nous donner le bonjour à la mode du pays : les bras levés et les mains jointes.

— Bonjour, petite Poupa, lui dis-je ; c'est aujourd'hui qu'il faudra se révéler. Je te promets un public de qualité.

— Elle jouera comme un ange, qu'elle est, ajouta Claudine, en lui donnant une légère tape sur le front.

— Mes enfants, répétons une dernière fois, pour la mémoire.

Claudine, sans sacrifier sa toilette, car

elle allait et venait d'une pièce à l'autre, se peignant, s'arrangeant à loisir, envoyait ses vers, sans une défaillance, intacts, insistant seulement sur les rimes, en dilettante, comme une artiste qui sait jouer avec sa voix. Tantôt, c'était rapide, d'un bafouillage voulu, puis, tout à coup, elle ralentissait le mouvement, appuyait sur une phrase, afin que l'idée s'en dégageât, planât sur le reste. C'était d'un caprice exquis, d'un charme si particulier, que je ne pus m'empêcher de la comparer à la Duse qui jongle, elle aussi, avec les phrases, les mots, les pensées, les soupirs et les sourires.

Lorsque les autres revinrent de leur promenade, le déjeuner était prêt. Ils s'étaient émerveillés sur tout, en Parisiens gobeurs. Rien ne se comparait au Palais, meublé si moderne, au harem, aux jardins, à la forêt d'orchidées. Le nom de Stanislas revenait à tout bout de champ.

Stanislas les intriguait avec ses photographies de Mealy, de Lender, encartées dans les cadres de glaces, ses tapis anglais, ses papiers de Chéret, ses chaises dessinées par Morris, ses fresques de Walter Crane.

— Nous voulons voir Stanislas! Où est Stanislas?

Thérèse frappait du pied en mesure: « Sta-nis-las! Sta-nis-las! »

Nous goûtâmes peu la plaisanterie, mais nous devions être indulgents. Qui sait si, Claudine et moi, n'en eussions pas fait autant?

Lorsque Poupa vint prendre sa place à table, ce fut une stupéfaction.

— Qui est-ce?

— Son nom?

— Vite des détails sur ce petit chef-d'œuvre ?

— Je vous présente, mesdames et messieurs, notre charmante amie, Poupa, dite Lavallière, rendue à la liberté de vivre et d'aimer. Elle appartenait à Stanislas Ier, nous avons brisé sa chaîne.

— Avec un canif, ajouta Grandpierre, comme fait Lassouche, lorsqu'il tranche la chaîne de Périchole, prisonnière du vice-roi du Pérou.

Beaugéant renchérit :

— Mais, mon cher Surgères, tout ça, c'est de l'opérette. Vous êtes renversant.

— Sommes-nous des héros d'opérette ? demandai-je à Claudine.

Claudine, qui ne se démonte pas, repartit :

— Où l'opérette commence-t-elle et où finit-elle ? Là est la question. Le jour où le plénipotentiaire de France reçut un léger coup d'éventail du dey d'Alger, il est évident que, à première vue, on croit assister à la cérémonie du *Bourgeois-Gentilhomme ;* mais lorsque le maréchal de Mac-Mahon a bombardé ensuite et qu'il a escaladé les murs d'Alger...

— Vous voulez dire le maréchal de Bourmont, dit le malicieux Grandpierre.

— J'aime mieux que ça soit Mac-Mahon, reprit Claudine. Ne trouvez-vous pas que l'opérette se transforme bien vite en tragédie ? Peut-être l'avenir nous réserve-t-il des surprises et il se peut, certes, que le sang coule sur les tapis et sur les portraits féminins de ce roi singulier.

— Messieurs, ajoutai-je, Claudine a raison, nous ne demandons pas encore qu'on nous élève une statue ; mais les amis du Progrès peuvent nous donner un vote de confiance. Nous avons la prétention de bien employer notre temps.

— Ça vaut mieux que d'aller au café, conclut Thérèse.

— Parfaitement, fis-je en souriant, pour prouver que je comprenais toutes les tournures d'esprit, ça vaut mieux que d'aller au café, comme dit l'autre.

Le déjeuner s'acheva le mieux du monde, et nous allâmes au théâtre en plein air donner notre représentation.

On convint que Lancelin, l'exquis pianiste, accompagnerait son amie Diane Visard dans son répertoire. Et Diane, qui nous soumit ses meilleurs numéros, s'arrêta à quatre chansonnettes très simples, dans le genre de Colin-Colinette; les autres nous parurent trop exclusivement parisiennes.

Ramana-Omi était déjà là. Il faisait la

plantation du décor. Pas de peintures essayant de nous représenter la nature, les arbres et les floraisons d'Alofi, mais une dizaine de palmiers gigantesques, des lauriers-roses et un tas de fleurs admirables qui devaient engloutir la princesse Bamboulinette.

Le brave Adolphe, dès que nous fûmes prêts, s'en alla, frappant du gong, par la ville, et, en moins d'une demi-heure, notre public emplit la salle.

Ici, j'ouvre une parenthèse qui devrait durer deux heures, tant j'en aurais à dire sur la fatalité, sur le terrible *c'était écrit*. Appelez ça comme vous voudrez, le hasard, l'imprévu, la guigne, la surprise, l'inadmissible, l'inouï, le fantastique. Dites que je suis aussi bête que vous, que vous n'avez jamais été trompé, que vous ne perdîtes pas un centime sur les chevaux de Mlle M***, de la Comédie-Française. Mais ne dites pas qu'il fallait m'y attendre.

M'y attendre, à quoi ?

Vous l'avez deviné ? Non ?

Eh bien ! A ouïr tirer le canon, alors qu'on venait de frapper le premier des trois coups avertisseurs.

Le canon ? On a tiré le canon ? Où ? Sur qui ?

On a tiré le canon à bord d'un cuirassé en vue d'Alofi et sur Alofi.

Après ce coup de canon qui déchira les airs, fit sortir tout le monde de la tente à la Belloir, Diane Visard, de la scène où elle attendait le lever du rideau, pour chanter ses inepties, Poupa, Claudine et moi, de nos loges où nous terminions un savant maquillage, me voilà donc dehors, en prince Charmant, Claudine en princesse blanche, avec sa robe japonaise, et Poupa en princesse moricaude.

Les gens courent jusqu'au port, nous courons avec eux ; Dumoulin me rattrape et me dit :

— Parions que Stanislas s'est plaint aux Anglais et qu'il vient avec eux vous fiche le trac.

Parbleu, nous le voyions ce cuirassé ; il avançait lentement, mais sûrement ; c'était un cuirassé de quatrième grandeur, à deux cheminées-tourelles.

Un second coup de canon, plus éclatant que le premier, nous assourdit et nous rendit pâles.

Mes amis de *la Navette* parlaient de rembarquer dare-dare.

Que se passa-t-il ? La situation était grave, d'autant plus qu'elle était irrémédiable, que nous ne pouvions pas résister. Ah ! voilà, on ne saurait penser à tout. Au lieu d'apporter des bicyclettes de Paris, et de construire un moulin à vent, n'eussions-nous pas mieux fait de bâtir tout autour de l'île d'Alofi, cette Terre de l'Amour, une série de fortins à la Vauban ?

Dumoulin avait attaché un torchon au bout d'une gaule. Il me la tendit. Je l'agitai, en parlementaire. On hissa le pavillon français sur le cuirassé. Parfait ! nous nous étions compris.

Le cuirassé stoppa à trois cents mètres du port, quelques passagers prirent place dans une embarcation qui se dirigea vers nous à grandes ramées.

Nous reconnûmes bientôt Stanislas escorté d'un officier de marine et de quatre matelots.

Je compris, Claudine me regarda désespérément. Nous étions *matés, anéantis*, dès l'œuf, au début de notre carrière gouvernementale. Ah ! pauvres pasteurs d'hommes que nous étions, toute une nation jalouse allait nous émietter.

La barque aborda.

Muet, le peuple d'Alofi attendit que je prisse une attitude. Je ne bronchai point.

Stanislas et le lieutenant de vaisseau — c'en était un — vinrent droit à moi.

L'ancien ami de collège, souriant, aimable, me tendit la main. Par pure courtoisie, j'avançai la mienne.

Le lieutenant me dit, très correct :

— Monsieur le Résident, j'ai l'ordre de vous ramener à Melbourne, puis en Europe ; vous avez un successeur.

Je commandai à mes amis de s'en aller chez eux, sans bruit. La foule, par discrétion, se retira. Beaugéant et les autres m'interrogèrent des yeux. Je fis signe à Beaugéant d'approcher.

— Monsieur le lieutenant, mon ami Beaugéant, propriétaire de ce joli sloop, est venu, avec des amis et des amies, me faire visite à Alofi. Puisque mon mandat cesse, puis-je regagner ma patrie avec eux ?

— Pourvu que vous quittiez Alofi, aujourd'hui même, et que vous m'assuriez de votre parole d'honneur de n'y point retourner demain...

Je m'inclinai. Le lieutenant avait ma parole.

Stanislas remercia le lieutenant de son excellent concours et lui demanda la permission de regagner son palais.

Il y eut encore entre le roi et moi un échange de politesses muettes des plus expressives. Après quoi, il se retourna très peu et appela Poupa qui courut à lui, l'ingrate !

Le lieutenant, charmant garçon, me dit, lorsque Stanislas se fut éloigné :

— Vous avez adopté un singulier costume de Résident, à moins que ce ne soit celui de Premier Ministre ou d'Empereur.

Je me regardai, je me tâtai. J'étais en Prince Charmant !... Je souris.

— Pardon, lieutenant ; je donnais la comédie, lorsque vous nous avez distraits. Madame était une princesse de féeric et mademoiselle Poupa, qui s'en va là-bas avec monsieur Stanislas, complétait le trio.

Le lieutenant voulait bien plaisanter, mais après m'avoir dit tout ce qu'il avait à dire.

— Monsieur le Résident, le roi Stanislas est arrivé à Melbourne en toute hâte. Il a conté au consul de France que vous l'aviez dépossédé. Ce consul n'avait aucune mesure à prendre contre vous ; mais il en a référé aux Affaires Étrangères, par dépêche. Quelques heures après, le Ministre transmettait au roi Stanislas ses regrets, par l'intermédiaire du Consul, et au Consul, l'ordre de prévenir M. Paul Surgères, qu'il eût à rentrer en Europe, dès la présente. Le consul de France m'a chargé de vous faire cette triste commission ; excusez-moi.

— Tout cela est correct, monsieur le lieutenant. Je suis l'homme du devoir, j'obéirai ! Voulez-vous que je parte demain ou après-demain ?

— Ce soir même.

Claudine avait assisté, muette, à notre conversation. Elle ne put s'empêcher de dire son mot :

— Votre consul de Melbourne est un imbécile qui a voulu faire du zèle. C'est de la jalousie de métier. Qu'est-ce qu'il fait pour la France, lui ? Et nous, en un mois, n'avons-nous pas sapé l'influence anglaise?

— Laisse, Claudine ; le lieutenant n'a

rien à voir là-dedans. Il est le bras qui exécute, pas plus. Je ne demande qu'à m'expliquer devant le ministre. Mais est-ce le même que je retrouverai? Le nouveau ministre comprendra-t-il? Assumera-t-il la gaffe de son prédécesseur? En tout cas, faisons nos paquets, Claudine.

Puis-je prendre congé de la population? lui adresser mes adieux comme le fait tout commandant de corps d'armée, au moment suprême?

— Il vaudrait mieux vous en tenir à vos paquets et gagner *la Navette* ou mon cotre.

— Ça, c'est notre affaire, dit furieusement Claudine.

— A votre aise, madame.

Et le lieutenant s'inclina, respectueux comme on l'est dans la Marine.

Il fit quelques pas en arrière, parla aux

quatre matelots. Je compris qu'il me faisait filer et que je serais empoigné par ces rudes mathurins à la moindre manifestation d'indépendance.

O république rêvée, jamais atteinte, n'allais-tu pas t'épanouir enfin en plein Alofi! Mais les hommes imbéciles qui traînent ton drapeau sont tes pires ennemis!

Piteusement — je m'en rends bien compte à présent — nous gagnâmes la Résidence, dégommés, révoqués, impuissants et déguisés! Résident de France en Prince Charmant, Résidente en Princesse théâtrale, comme deux cabots de banlieue.

Image vivante et si significative de notre vie à l'un et à l'autre.

Il ne manquait plus que des sifflets et des pommes cuites dans notre dos.

Stanislas était bel et bien réinstallé par

la France. Au quai d'Orsay on avait tremblé devant lord Salisbury, et moi, mouche du coche, fonctionnaire trop zélé, je payais de ma place, et qui plus est, de mon prestige moral, une campagne de progrès qui ratait comme un pistolet de gosse.

Personne d'Alofi n'était auprès de nous : plus de Poupa, plus de Ramana-Omi, plus de Dumoulin ; un lâchage complet.

Dégoûtés, écœurés, nous fîmes nos malles. Les quatre matelots, le lieutenant nous aidèrent ; Beaugéant, Margot et Thérèse donnèrent aussi un coup de main.

A huit heures du soir, nous quittions Alofi sur *la Navette*, salués d'un coup de canon ironique du bâtiment de l'État.

Pas une âme sur la jetée.

Injuste Terre de l'Amour que nous avions dotée d'un moulin à vent ! Oublieuse Poupa que nous avions aimée !

XII

MORALE DU DANGER D'ÊTRE AIMÉ

Notre voyage d'Alofi à Marseille sur la rapide *Navette* pourrait à la rigueur prétexter un autre livre. Nous fîmes l'école buissonnière. Mais parler de l'Inde après Chevrillon, de l'Asie Mineure après Lamartine, de l'Europe orientale après n'importe qui, serait parfaitement ridicule et le roman dévierait. Je dirai seulement que Claudine, à mesure que nous approchions de France, se refroidissait de plus en plus, qu'elle avait presque l'air de me rejeter de son cœur.

Elle qui m'avait adulé! pour qui je m'étais compromis dans les aventures les plus coloniales! Vous pensez bien qu'elle ne pouvait prendre aussi vite que cela son parti d'une destitution immédiate, alors que l'avenir, ce gendarme de Dieu, selon Hugo, nous souriait à pleines dents. Perdre le pouvoir en cinq minutes, comme on perd une partie d'écarté en cinq points, elle ne le digérait pas.

Elle éclata, après dîner, alors que nous quittions l'Orient pour de bon, sitôt sortis de la mer Rouge.

S'imaginait-elle que, passé Suez, on n'apercevrait plus l'Océanie, ainsi qu'au coin d'une rue, dès qu'on a tourné, on ne voit plus ce qui se passe?

Là seulement, elle eut conscience de

l'irréparable! Claudine est bien naïve si elle n'a pas compris qu'à cinq minutes de la rade d'Alofi, il y avait déjà entre nous et le royaume de Stanislas le plus profond des néants. Néanmoins, dès Suez, elle fut insupportable. Un soir que nous avions pris le repas sur le pont, tant la mer était d'huile et de nacre, face à un coucher de soleil de tableau, c'est-à-dire pas croyable, elle me prit à parti.

Beaugéant, Ribot, etc., en rirent d'abord, puis, voyant que cela exaspérait Claudine, nous laissèrent nous débrouiller et se retirèrent discrètement à bâbord.

— Paul, Paul, à quoi penses-tu? Oublies-tu si vite un pays dont nous avions fait notre vraie, notre nouvelle patrie? Ne t'es-tu pas engagé à soutenir des gens opprimés par un pouvoir grotesque? Ne devais-tu pas les soigner, les guérir de leur faiblesse, de leur ignorance ? Que deviendront-ils maintenant ? Il fallait mieux les laisser dans leur chaos.

Au moins, ils n'eussent pas souffert d'eux-mêmes, puisqu'ils se méconnaissaient. Tu me fais l'effet d'un philanthrope faux bonhomme, qui installerait des indigents dans un hospice confortable et qui les abandonnerait sans lit, sans feu, sans bouillon. Paul, Paul, à quoi penses-tu ?

— Je suis découragé, lui répondis-je. Je ne trouve partout que de l'ingratitude. Parlons-en d'Alofi ! Est-ce que Ramana-Omi, alors qu'il me voyait destitué, réduit à rien par la volonté de son autocrate ? est-ce que Poupa ? est-ce que toute la population enfin, ne devait pas se grouper devant nous, comme un rempart vivant ? Ah ! bien ouitche ! Ils s'en fichaient de notre autorité, de notre personne. Lorsque *la Navette* a lâché ses amarres, y a-t-il eu un seul mouchoir levé sur la jetée? A peine quelques signaux de Dumoulin et d'Adolphe. Pas une larme, pas un souvenir. Ces gens-là n'étaient que des brutes, et nous avons du temps à perdre à nous demander ce qu'ils peuvent bien fabriquer maintenant. Si tu y tiens tant que cela, sache que Ramana-Omi est pour le moins chambellan et que Poupa chante à Stanislas :

> Adieu, madâs, adieu, foulâd.

— Et ils ont raison, reprit Claudine, qui croyait être logique. Ne leur as-tu pas donné le spectacle de la lâcheté la plus abaissante? Tu devais travailler pour la liberté jusqu'à la dernière minute, résister au lieutenant de vaisseau, aux quatre matelots, souffleter Stanislas, qui, hypocritement, s'était allé plaindre de nous, mourir s'il le fallait pour incarner une *figure* et décider à jamais du courage et de la persévérance des Alofiens. Va, tu étais ridicule dans ton costume de paillasse, lorsqu'on t'a intimé l'ordre de filer à la Résidence et de faire tes quatre malles d'osier, boucler tes trois valises.

— J'ai pris le meilleur parti. Rentrer en France, demander une audience au ministre, qui ne sait rien, l'intéresser, le persuader, et, finalement, être décoré pour services exceptionnels, puis pourvu d'un emploi supérieur : voilà, ma chère Claudine, ce que nous comptions faire autrefois, lorsque nous avions prévu cette finale. Aujourd'hui, tu t'y laisses prendre. Faible nature ! Les femmes, au fond, n'entendent rien à cela. Laisse-moi faire.

Je rejoignis là-dessus nos amis, qui nous guettaient d'un œil, et je fumai une cigarette avec une désinvolture qui agaça Claudine, au point qu'elle vint à moi, menaçante, et me lança ce mot stupide : « Poltron ! »

— L'air de la mer ne lui vaut rien, laissai-je tomber.

Grandpierre, aux anges, tenta une réconciliation.

— Mais nous ne sommes pas fâchés, lui dis-je. Nous ne voyons pas les choses de la même façon, voilà tout.

Et j'ajoutai, à voix basse :

— Laissez-la, elle a ses nerfs. Une aussi longue traversée n'est pas pour guérir les grandes névroses. Vous comprenez, l'impatience, la fièvre et aussi le dépit...

Le silencieux Lancelin m'approuva :

— Elle jouait si bien les reines dans la fiction, qu'il lui eût été doux de les réaliser par delà les Océans.

Thérèse, l'enfant gâtée, ne ménagea pas Claudine :

— Elle devient poseuse, ta femme, mon vieux Surgères. Peut-être qu'elle a peur qu'on se paie sa tête à Grenelle où sa mère a une collection de balais, qu'on peut voir pour rien.

La marquise de Flou se retourna et pouffa.

— Vous outrez, Thérèse, dis-je, mi-souriant, mi-vexé. Claudine est de bonne naissance; et puis, qu'importe ! elle est excessivement douée, et son but était noble de relever un pays tombé dans l'imbécillité.

Tout le monde, y compris la marquise, déclara que Thérèse exagérait, que Claudine avait beaucoup d'éducation, de l'érudition même. Grandpierre, très sincèrement, la jugea intelligente, mauvaise comédienne, à son avis, mais femme d'esprit.

Mes affaires allaient mal ; ma maîtresse, Claudine, demeurait presque toujours silencieuse, et, dans ma cabine, la nuit, évitait de se rapprocher de moi. Plus de tendresse, plus rien d'exquis. Elle qui savait si bien parler, l'amoureuse rêvée, la compagne aux mille qualités, n'était plus qu'une voisine de hasard, qu'une voyageuse, qu'on eût mise auprès de moi, faute de la placer autre part.

J'en souffrais ardemment, et si, parfois, je me risquais à évoquer le souvenir de Poupa, elle me disait simplement : « Connais pas. » Je m'emportais, cette comédie me semblant ridicule ; puis, pour tout concilier, je ne me fâchai plus, j'implorai au contraire, je suppliai de toutes mes forces : « Voyons, Claudine, souviens-toi de la forêt aux orchidées ; de la soirée d'étoiles, où nous marchâmes sur la plage humide, comme sur un étang ; du harem dont nous fîmes une maison libre. » Hélas ! autant de questions inutiles ! Claudine mimait d'abord un profond étonnement et terminait par un : « Je ne m'en souviens pas », qui méritait des gifles.

Il me fallut beaucoup de sang-froid, j'en réponds, pour ne pas la flanquer par-dessus bord et moi avec, car une pareille existence à deux, dans ces conditions, n'était-ce pas le plus odieux supplice ?

« A Paris, tout cela changera, pensais-je. Tant qu'elle ne sera pas sur la terre ferme, loin des yachts, des pays étrangers, des phares, de cet au-dehors qui décuple la pensée, ne lui laisse que du vague, ne permet pas de préciser, de vivre enfin positivement selon l'ordre des choses naturelles et possibles, Claudine, inconsciemment, ne pourra se détacher de cette féerie palpable dans laquelle elle a joué son rôle, n'admettra que, malgré la part active qu'elle y a prise, la chose doit être considérée comme sans lendemain, sans au-delà, éclipsée par un nuage, hors d'atteinte. »

— *J'ai vécu cela*, me dit-elle, un jour d'expansion, frappant du pied, furieuse. *J'ai vécu cela.* Rien au monde, aucune puissance ne peut me commander d'oublier, ne peut défaire ce qui a été fait. *J'ai vécu cela* et il n'y avait aucune raison de nouer la situation, de corner la page, d'éteindre la lumière comme tu veux me le faire accroire moralement, puisque je suis bien forcée de constater qu'on y a mis un terme réellement. Mais je n'oublie pas, je ne ferme pas mon cœur, je ne commande pas à mes yeux de noircir les clichés qui sont emmagasinés en leur place. Libre à toi de te prouver que deux et deux font zéro, libre à moi de voir et d'entendre ce que je souhaite de regarder et d'écouter. Je me complais dans ma pensée qui est mienne, et dont, pour ma punition, je ne puis pas te chasser, espèce d'indifférent, d'insouciant, de cervelle d'oiseau, faux artiste, philosophe irrésolu, jeune prud'homme, grand serin.

Au bout de dix semaines de ce ménage, j'aimais moins Claudine qui ne m'aimait plus du tout. C'était l'échéance de mon bonheur passé. Tout se paie tôt ou tard. Je payais.

*
* *

Nous arrivâmes à Marseille.

Là, j'ai Bondeaux, un excellent ami, banquier, parisien de cœur, toujours informé, raffolant de potins, ami des cabots, commanditaire de théâtres, toutes les qualités.

C'est bien lui que je devais voir après une telle absence. J'allais ainsi aux nouvelles. Je jouissais par avance de son ébahissement, lorsqu'il me verrait entrer dans son cabinet.

Claudine, elle, avait pris le premier train, et la bande Beaugéant, réflexion faite, filait avec *la Navette* sur Saint-Raphaël, près de Cannes.

J'étais donc seul, libre, satisfait d'avoir à raconter des choses extravagantes et singulières, et, disons-le, avouons-le, heureux de me citer.

J'entrai sans frapper chez Bondeaux. On m'avait dit qu'il était seul.

— Bonjour, Bondeaux. Eh bien ! comment la trouves-tu ? Oui, ami, retour d'Alofi, Terre de l'Amour, sain et sauf ; les anthropophages m'ont laissé complet.

— Et le cuirassé aussi ? me répondit-il.

Je flanchai.

— Quel cuirassé ?

— Mon bon Surgères, je sais tout, nous savons tout, la France entière est au courant de tout. Le ministère a failli tomber là-dessus. On l'a interpellé à cause de toi, il y a eu des observations de l'Angleterre, et le ministre, en plein Parlement, t'a complètement lâché. Rougemont aussi, sans quoi il perdait son fauteuil directorial ; ça n'a même tenu qu'à un fil. Mais rassure-toi, tu as tes partisans. La jeunesse de Montmartre t'a trouvé très rigolo, on t'a mis en vers et en musique et on chante tes exploits sur des airs connus. La Revue des Variétés t'a pris comme compère. Claudine n'est pas oubliée non plus. On a parlé d'elle à la Chambre.

— Tu me vois effondré ! lui dis-je.

— On a jugé sévèrement la conduite d'un

Résident qui voulait faire la loi dans une quasi-possession française, en compagnie de sa maîtresse, et, à l'unanimité, on a encouragé le président du conseil à te blâmer, à te rappeler, à te destituer publiquement.

— Et je suis compère de Revue en outre? On me blague au Palais-Bourbon, aux Variétés et place Pigalle. Je n'ai plus qu'à me tuer. C'est effroyable!

— Mais non, mais non. Tout s'oublie si vite à Paris! Qui donc y songera dans dix mois? Je te conseillerai, en ami, en vrai copain (brave Bondeaux!), de prendre une attitude, de rentrer à Paris, la tête haute, en riant ferme, comme si tu avais voulu ce qui est arrivé. Alors, les gens d'esprit, c'est-à-dire tout Paris...

— Et tout Marseille.

— Merci! Alors donc, tu seras acclamé,

choyé, compris, adoré. On te trouvera plus spirituel que tous les chroniqueurs chics, plus ironiste que Donnay, plus fantaisiste que Ravaut. On écrira sur toi, on dira que Salis n'eût pas été de force à intriguer l'Europe entière, qu'il savait tout au plus mettre en scène une noce de village, habiller son concierge en suisse d'église et ses larbins en académiciens ; la belle affaire! Tandis que M. Paul Surgères dame le pion aux excentriques les plus inouïs de l'Amérique septentrionale.

Enfin, Bondeaux me consola, me vivifia. Combien avais-je eu raison de le rencontrer avant tout! Je me voyais, débarquant à Paris, prévenu de rien, naïvement, bonnement, essuyant le premier éclat de rire d'un camarade rencontré au restaurant, la stupéfaction joyeuse des femmes, les yeux souriants des hommes, le soir même, au foyer de l'Opéra, où je fréquente parfois.

— Merci, Bondeaux ; vous me sauvez la vie. Merci, mon vieux frère. Déjeunons ensemble et je vous en raconterai de toutes les couleurs. Vous ne regretterez pas votre après-midi. . . . .

. . . .

Bondeaux, l'homme des tuyaux sensationnels, me proposa de me chaperonner à Paris. J'avais besoin de me sentir un point d'appui, car, malgré ces belles résolutions, ce je-m'en-fichisme, j'étais bien capable de caner, à un moment, et il *ne le fallait pas*. J'acceptai avec reconnaissance.

Bras dessus, bras dessous, Bondeaux et moi, nous bondîmes à Paris. Je riais tant que je pouvais, les gens n'en revenaient pas. Alors, du moment que je prenais la chose de si haut, avec une telle intensité de gaîté, ils déclarèrent que j'étais un « fumiste de génie », le suprême « pince-sans-rire », et qu'en cette fin de siècle lugubre, ça reposait, ça faisait du bien de voir « un gonse dans mon genre ».

J'échappai ainsi au ridicule. Que Dieu soit loué de m'avoir inspiré cette visite à Bondeaux !

Alors, je ne vécus plus qu'à force de toupet ; ce fut moi qui sollicitai une entrevue avec le ministre. Je le menaçai de faire une conférence là-dessus, au Cirque d'Hiver, de raconter à la France entière, qui le répéterait au monde entier, qu'on ignorait l'existence de Stanislas Ier au ministère des Affaires Étrangères ; que l'Angleterre, pour des raisons trop faciles à comprendre, faisait à ce roi dépendant de la France une singulière rente, etc...

Le ministre, qui en avait assez de cette

histoire-là, depuis les interpellations sur Alofi et les chances de chute du cabinet me crut, et ce fut lui qui me calma, en me donnant sa parole que j'aurais une recette particulière à Paris.

J'applaudis ferme à la Revue des Variétés dont j'étais moralement le compère, malgré tout le ridicule de l'interprétation et toute l'invraisemblance de la situation créée par des auteurs qui auraient bien pu me consulter. Je sortis net de cette aventure qui pouvait me couler irrémédiablement, parce que j'ai bravé l'opinion et que j'ai porté ma tête comme un saint-sacrement, au lieu de baisser les yeux sur ma malchance.

Tout va bien aujourd'hui. A mes ennemies : Ève, Conchita, madame B***, matrone irréconciliable, Marie-Louise, Kate, la Marlotte, marieuse libre, la marquise Z***, qui n'en est pas à une calomnie près, l'infâme, j'ajouterai, hélas ! — là, est mon seul chagrin ! — la si ingénieuse Claudine !

Que fait-elle ? Avec qui est-elle ? Elle me hait, bien sûr, et j'ai failli compromettre ma vie, par sa faute.

Le danger d'être aimé! Triste et amère certitude, dont il ne m'est plus permis de douter.

Je l'ai rencontrée, Claudine, l'autre jour, au Bois de Boulogne. L'un et l'autre, nous pédalions. Elle a passé près de moi, pas trop vite. Nous nous sommes regardés ; je l'ai saluée ; elle n'a pas répondu. Comme elle me dépassait, je me pris à rêver en contemplant cette jolie petite femme, en culotte bouffante, en mollets noirs, qui, penchée sur son guidon, le derrière en l'air, s'engageait dans un chemin et disparaissait...

Je rêvai qu'il y eut un moment dans ma vie où la Providence m'avait adjoint cette créature pour diriger un morceau de peuple...

FIN

TABLE DES MATIÈRES

ÉMILE COLIN — IMP. DE LAGNY

AVIS DE L'ÉDITEUR

Le but de la collection des *Auteurs célèbres*, à **60** *centimes* le volume, est de mettre entre toutes les mains de bonnes éditions des meilleurs écrivains modernes et contemporains.

Sous un format commode et pouvant en même temps tenir une belle place dans toute bibliothèque, il paraît chaque quinzaine un volume.

CHAQUE OUVRAGE EST COMPLET EN UN VOLUME

POUR LES Nos 1 A 315, DEMANDER LE CATALOGUE SPÉCIAL

316. Rattazzi (Mme Urbain), **La Grand'Mère.**
317. Barbier (Émile), **Cythère en Amérique.** Illustré.
318. Tony Révillon, **Aventure de Guerre.**
319. Raimes (Gaston de), **L'Epave.**
320. Ballieu (Jacques), **Saïda. Les Amours fatales.**
321. Méténier (Oscar), **La Croix.**
322. Camée, **Un Amour russe.**
323. Chamisso (A. de), **Pierre Schlémihl ou l'homme qui a perdu son ombre.** Illustré.
324. Cahu (Théodore), **Excelsior. Un Amour dans le monde.**
325. **Aventures merveilleuses de Fortunatus.** Illustrées.
326. Topffer (R.), **La Bibliothèque de mon Oncle.**
327. Topffer (R.), **Nouvelles Genevoises.**
328. Corday (Michel), **Misères secrètes.**
329. Cim (Albert), **Les Amours d'un Provincial.**
330. Richebourg (Émile), **Le Portrait de Berthe.**
331. Durieu (Louis), **Le Pion.**
332. Daudet (Ernest), **Les Douze Danseuses du Château de Lamole.**
333. Nerval (Gérard de), **Aurélia.**
334. Maël (Pierre), **Le Roman de Joël.**
335. Siebecker (Édouard), **Récits Héroïques.**
336. Scholl (Aurélien), **L'amour d'une Morte.**
337. Dostoïewsky, **Les Précoces.**
338. Hégésippe Moreau, **Le Myosotis.**
339. Auteurs célèbres, **Chroniques et Contes.**
340. Garchine, **La Guerre.**

En jolie reliure spéciale à la collection, 1 fr. le v

(ENVOI FRANCO CONTRE MANDAT OU TIMB

PARIS. — IMPRIMERIE E. FLAMMARION, RUE RACINE

www.ingramcontent.com/pod-product-compliance
Ingram Content Group UK Ltd.
Pitfield, Milton Keynes, MK11 3LW, UK
UKHW021057230726
13926UKWH00004B/1896